AF613696

LA CHALOTAIS
ÉDUCATEUR

THÈSE COMPLÉMENTAIRE

PRÉSENTÉE

A LA FACULTÉ DES LETTRES DE L'UNIVERSITÉ DE PARIS

PAR

JULES DELVAILLE

Ancien élève de la Faculté des Lettres de Paris,
Agrégé de Philosophie,
Professeur de Philosophie au Lycée du Mans.

PARIS
FÉLIX ALCAN, ÉDITEUR
LIBRAIRIES FÉLIX ALCAN ET GUILLAUMIN RÉUNIES
108, BOULEVARD SAINT-GERMAIN, 108

1910

LA CHALOTAIS

ÉDUCATEUR

LA CHALOTAIS
ÉDUCATEUR

THÈSE COMPLÉMENTAIRE

PRÉSENTÉE

A LA FACULTÉ DES LETTRES DE L'UNIVERSITÉ DE PARIS

PAR

JULES DELVAILLE

Ancien élève de la Faculté des Lettres de Paris,
Agrégé de Philosophie,
Professeur de Philosophie au Lycée du Mans.

PARIS
FÉLIX ALCAN, ÉDITEUR
LIBRAIRIES FÉLIX ALCAN ET GUILLAUMIN RÉUNIES
108, BOULEVARD SAINT-GERMAIN, 108

1910

A

MONSIEUR GABRIEL COMPAYRÉ

RECTEUR HONORAIRE

INSPECTEUR GÉNÉRAL DE L'INSTRUCTION PUBLIQUE

MEMBRE DE L'INSTITUT

HOMMAGE DE RESPECTUEUSE RECONNAISSANCE

INTRODUCTION

On a souvent étudié le rôle politique de La Chalotais; l'histoire de sa vie parlementaire a donné et donne lieu encore à des discussions entre les historiens. Nous n'avons pas l'intention de raconter entièrement la vie de « ce Magistrat tant persécuté et si glorieux », comme disait un de ses contemporains; les malheurs qu'il a subis, l'accusation inique dont il a été l'objet, la fermeté et le courage dont il a fait preuve serviront toujours d'exemples, quelles que soient les interprétations que l'on pourra tirer des documents déjà connus ou de ceux que de futures recherches permettront de découvrir. La personne et la vie de La Chalotais nous paraissent au-dessus de toute contestation.

Nous voudrions, dans cette étude, considérer le Procureur Général du Parlement de Bretagne, sous un aspect qui a été souvent négligé par les historiens. Par suite des événements auxquels il a été mêlé, et qui ont eu un grand retentissement politique, on ne parle guère du rôle pédagogique de La Chalotais. Or, La Chalotais fut, à son heure, un éducateur. Un événement capital dans l'histoire de notre pays donna au Procureur Général l'occasion d'exposer ses idées sur l'éducation ; c'est l'affaire des Jésuites en 1761. Il n'avait aucune compétence personnelle de l'enseignement ; rien, dans sa vie antérieure, ne le destinait à un rôle d'éducateur. Mais, au moment où, de tous côtés, on se préoccupait des moyens pour organiser l'éducation de la jeunesse, La Chalotais qui avait, sans doute, réfléchi à ces problèmes, publia un *Essai d'Education Nationale* ; et ce traité mérite encore aujourd'hui d'attirer l'attention des éducateurs.

Les idées pédagogiques de La Chalotais n'ont pas, que nous sachions, donné lieu à une étude détaillée. A part les pages substantielles, mais forcément brèves, que lui consacre M. Gabriel Compayré dans son *Histoire critique des doctrines de l'éducation en France depuis le seizième siècle*, l'article de Gréard dans le *Dictionnaire de Pédagogie*, un chapitre de M. Barthélémy Pocquet, dans son livre sur *Le duc d'Aiguillon et La Chalotais*, on ne trouve, sur l'écrit pédagogique de La Chalotais que des lignes très rapides, des notices écourtées, se réduisant presque au titre de l'ouvrage, suivi de quelques titres de chapitres, et d'une appréciation très générale et banale. Les biographies sont très sobres de renseignements ; et nous pourrions citer des histoires de la pédagogie qui ne signalent pas le nom de La Chalotais et semblent même ne pas soupçonner son existence.

Nous ne prétendons pas tirer de l'obscurité un personnage dont nous chercherions à faire un méconnu, pour nous donner le mérite d'une réhabilitation ; mais nous avons pensé qu'il n'était pas superflu de consacrer une étude spéciale et étendue à une action éducatrice qui semble être restée au second plan, à des idées qui ont eu une certaine influence sur notre temps, et ont laissé plus que des souvenirs dans les essais de transformations pédagogiques dont nous avons été les témoins depuis une trentaine d'années.

Le rôle pédagogique de La Chalotais commença vers le milieu de l'année 1761, et se termina avec l'année 1763; pendant ce laps de temps, très court, il se préoccupa de détruire le passé, et d'être un organisateur de l'avenir; cette double action est bien caractéristique des idées et des tendances de son époque; aussi notre étude nous amènera-t-elle nécessairement à parler des événements pédagogiques, et même des faits politiques qui se sont passés au moment où La Chalotais se fit remarquer par les idées nouvelles qu'il exposait; comme nous le verrons, ce fut une période d'activité féconde, qui vit des productions très nombreuses; cette activité se prolonge même au delà du moment où nous avons l'intention de nous arrêter pour notre travail. Mais, nous ne la suivrons pas après le jour où l'homme qui fait l'objet de ce livre cessa de se préoccuper des problèmes qu'il avait agités à un certain moment.

Notre dessein est de raconter l'histoire pédagogique des années 1761-1763, en parlant de La Chalotais, et en rattachant ses actes, ses idées et ses projets, à ce qui se passait autour de lui, et aux événements auxquels il prit part.

LA CHALOTAIS
ÉDUCATEUR

CHAPITRE PREMIER

LES COMPTES RENDUS DES CONSTITUTIONS DES JÉSUITES

En 1761, Louis-René de Caradeuc de La-Chalotais, Procureur Général au Parlement de Bretagne, avait soixante ans. Occupant ces fonctions depuis neuf ans, il avait, au Parlement, une grande autorité et une certaine influence[1]; mais il était encore inconnu; malgré la science juridique qu'ils attestent, les réquisitoires qu'il avait prononcés n'avaient pas sufli à le faire remarquer en dehors du cercle dans lequel il vivait; et, bien qu'il eût publié, en 1754, un *Discours sur l'entrée et la sortie des grains dans le royaume,* qui le faisait considérer comme un collaborateur des Économistes, rien n'avait attiré sur lui l'attention du grand public. L'affaire des Jésuites, et la part qu'il prit à ce grand événement

1. Dans un réquisitoire, l'avocat général Duparc-Porée parle de « réputation la plus brillante et la mieux méritée » (Archives d'Ille-et-Vilaine, série B 781, n° 288. Registres secrets du Parlement, Saint-Martin 1761; audience du 27 mars 1762).

firent de lui un homme de premier plan ; ce fut, pour lui, l'occasion de s'occuper des questions d'éducation auxquelles il n'avait pas encore songé, au moins dans les manifestations officielles de ses fonctions. Pour voir comment ce Parlementaire devint un éducateur, il nous est nécesaire de dire quels étaient les événements dont on était témoin, en France, en 1761, et ce qu'était l'affaire des Jésuites dont tout le monde s'occupait.

I

Depuis longtemps, les esprits étaient dans une certaine « fermentation[1] ». Le Père La Valette, supérieur général des Jésuites dans les îles du Vent, s'occupait surtout de commerce. Une maison de Marseille, la maison Gouffre et Lioncy, ayant eu avec lui de graves contestations, porta plainte au Procureur Général des missions de France; et quand les frères Lioncy firent faillite en 1755, ils réclamèrent au corps entier des Jésuites comme solidaire, et saisirent les Parlements[2]. Ayant demandé que leur affaire fût jugée par la Grand'-Chambre du Parlement de Paris, les Jésuites niaient toute solidarité, et soutenaient que leurs Constitutions étaient formelles en ce sens. Durant les plaidoiries, un Magistrat dénonce les statuts de la Société comme dangereux pour l'ordre public; l'abbé de Chauvelin, con-

1. Barbier, *Chronique de la Régence et du règne de Louis XV* (1718-1763). Paris. édit. Charpentier, 8 vol.; janvier 1761 (t. VIII, p. 1).
2. Barbier, *Chronique...*, avril 1761, t. VIII, p. 319. Cf. F. Rocquain, *L'esprit révolutionnaire avant la Révolution*. Paris, 1878, p. 227.

seiller au Parlement, prie la Cour d'ordonner l'examen de l'institution et des Constitutions des Jésuites, que ceux-ci présentaient comme des lois intangibles[1]. Le Parlement, par un arrêt du 17 avril 1761, ordonna aux Jésuites de déposer au greffe un exemplaire de leurs Constitutions, et chargea le Procureur Général de les examiner.

Les Parlements de province imitent celui de Paris. A Rennes, La Chalotais demande à la Cour d'ordonner aux Jésuites de déposer leurs Constitutions; la Cour fait droit à ses réquisitions, le 14 août 1761, et le charge d'en rendre compte le 1er décembre suivant.

Telles sont les circonstances à la suite desquelles La Chalotais eut à s'occuper des Constitutions des Jésuites. Nous verrons, plus loin, comment l'accomplissement de ce devoir de sa charge, dans une affaire primitivement politique, l'amena à traiter des questions d'éducation.

Après quelques hésitations[2], La Chalotais entreprit

1. Voir Barbier, *Chronique...*, avril et juillet 1761 (t. VII, p. 355 et 381 sq.). On représentait Chauvelin comme un Magistrat respectable; on vantait le « zèle patriotique de ce grand homme » (Bachaumont, *Mémoires secrets pour servir à l'histoire de la République des lettres en France ou Journal d'un observateur*, 36 vol.; à Londres, chez John Adamson, 1780; 26 mars et 24 avril 1762, t. I, p. 58 et 73), et on le citait comme un « Magistrat que toute l'Europe nomme avec admiration, et que la postérité nommera avec les plus grands éloges » (*Nouvelles ecclésiastiques*, 9 octobre 1761). Cf. les *Remerciements de la France au Parlement*, 12 pages, anonyme.

2. La Chalotais apercevait bien les difficultés de ses *Comptes rendus*; car, le 12 décembre 1761, il s'en plaignait dans une lettre au duc d'Aiguillon (Archives du Ministère des Affaires étrangères; la lettre est citée dans Pocquet, *Le duc d'Aiguillon et La Chalotais*, t. I, p. 182).

ce travail sur les Constitutions des Jésuites qu'il n'avait jamais lues, et dont il prit connaissance pour la circonstance. Ce fut le 1er décembre 1761, que le Procureur Général lut son *Compte rendu* aux Chambres assemblées ; il continua les 3, 4 et 5 décembre et parla environ neuf heures et demie[1].

Faite à plus d'un siècle après les événements qui agitaient alors l'opinion, la lecture des *Comptes rendus* nous montre, dans tout son jour, le caractère impartial, l'esprit de justice du Procureur Général[2]. La Chalotais dit, en effet, qu'il veut apprécier avec impartialité, sans aucune faveur ni animosité le rôle de la Société de Jésus dans la société civile et religieuse, et pour l'éducation de la jeunesse[3]. Pour montrer son impartialité,

1. *Nouvelles ecclésiastiques*, 29 mai 1762.

2. *Comptes rendus des Constitutions des Jésuites* par Caradeuc de La Chalotais, précédés d'une introduction et d'une notice historique, par M. P.-D. Joffrès. Paris, Ponthieu, 1826. Il y a eu de nombreuses éditions des *Comptes rendus* : d'abord, au moment où ils furent publiés (l'année suivante, ils étaient à leur dix-huitième édition) ; il y eut même des éditions avec portrait et des vers en l'honneur de La Chalotais ; ils furent reproduits dans le *Journal des audiences et arrêts du Parlement de Bretagne*, dû à Poullain du Parc (Rennes, 1727-1778, 5 vol.). Plus tard, en 1826, quand le journal *L'Étoile* porta atteinte à la mémoire de La Chalotais, on réédita ses œuvres ; à part l'édition citée plus haut, et à laquelle se rapportent tous nos renvois, il parut d'autres textes des *Comptes rendus*, accompagnés de notes explicatives en latin (par exemple, l'édition Langlois fils et Cie, 1826). Une édition a été publiée par Gilbert de Voisins, descendant d'un conseiller d'État qui, en 1761, faisait partie de la commission instituée par le Roi pour examiner les Constitutions des Jésuites (*Nouvelles ecclésiastiques*, 13 novembre 1761).

3. *Comptes rendus*..., p. 2 ; cf. p. 17, et *Mémoires* (édit. de 1826), p. 33 : « Je déclare ici à toute la terre, je proteste devant Dieu et devant les hommes, qu'aucun homme en place, aucune personne considérable ne m'a jamais rien dit, ni écrit, ni fait dire ou écrire, ni sollicité, ni rien insinué à l'égard de cette affaire. » — Les Jésuites firent courir le bruit que La Chalotais avait fait son *Compte rendu*

il cite des autorités écclésiastiques, le concile de Latran ; il se rapporte aux vœux des évêques et des théologiens, et ne veut « trouver dans l'État que des Citoyens, et dans l'Église que des Ecclésiastiques vertueux[1] ». Parlant au nom de l'ordre public, il attaque le Régime, mais il plaint les Particuliers[2] ; et peut-être même pourrait-on mépriser les Constitutions, si elles n'intéressaient qu'un ordre monastique ; mais il reste à savoir si un pareil système ne devient pas dangereux, pour l'ordre public, et ne risque pas de le renverser[3].

C'est avec ces idées d'homme politique, dévoué aux intérêts de son pays, que La Chalotais entreprit un réquisitoire contre la Société puissante dont les agissements faisaient l'objet de toutes les discussions.

D'abord, La Chalotais pose comme principe qu'un ordre religieux ne doit rien apporter dans l'État qui soit contraire aux lois de cet État ; et il faut voir si les Constitutions des Jésuites sont d'accord avec la loi naturelle, les lois positives, et les lois de la France[4]. La Chalotais, faisant le procès des ordres religieux, qui n'ont eu d'autre but que de dominer le Clergé Séculier, sait cependant reconnaître le bien « passager » qu'ont fait les fondateurs et quelques religieux de ces ordres[5] ; il proteste surtout contre les guerres théologiques qui

pour obéir à « des sollicitations vives et puissantes arrivées de la Capitale » (V. Réquisitoire de Duparc-Porée ; Registres secrets, audience du 27 avril 1762).

1. *Ibid...*, p. 49.
2. *Ibid...*, p. 162.
3. *Ibid...*, p. 129.
4. *Ibid...*, p. 2-3.
5. *Ibid.*, p. 4 et suiv., 9-10.

ont suscité des factions furieuses et des jalousies éternelles[1]. Présentant un historique complet des Jésuites, il montre comment Laynez, Aquaviva abandonnèrent les vues simples et désintéressées de saint Ignace, et d'un ordre religieux ont fait un corps politique. Cet Ordre a des lois qui sont vicieuses, celles, par exemple, qui affirment la supériorité du spirituel sur le temporel, et la toute-puissance du Général. La Chalotais montre que les privilèges des Jésuites sont contraires au droit commun, aux lois du royaume, aux libertés de l'Église gallicane, aux prérogatives des Universités, et que nul pays ne peut s'allier avec de semblables Constitutions ; outre qu'ils approuvent le régicide, ils ne se soucient pas des pays où ils pourront s'établir ; or, il est contraire à l'ordre public qu'il puisse se former des associations sans l'autorisation de l'État[2].

C'est surtout la toute-puissance conférée par l'Ordre au Général qui est l'objet des attaques de La Chalotais. On savait peut-être, comme certains contemporains[3], que Louis XIV avait cru nécessaire de soustraire l'Ordre à l'autorité du Général, mais n'avait pas eu la force d'exiger ce changement. La Chalotais estime que la Société, ainsi constituée, et disciplinée, est un danger pour tous. Il peut y avoir une conspiration, et une

1. *Ibid.*, p. 11.

2. *Ibid.*, p. 12, 14, 17, 89, 99, 138 et suiv., 23-24. Certains Jésuites, le général Ricci entre autres, reconnaissaient eux-mêmes que plusieurs points des Constitutions sont incompatibles avec les principes politiques *de certains États* (Lettre à Choiseul, du 13 mai 1761 ; voir Flassan, *Histoire de la diplomatie française*, t. VI, p. 489).

3. Bachaumont, *Mémoires secrets*, 25 septembre 1764 (t. II, p. 94).

conspiration qui réussirait. « Il est contraire à la sagesse et à la prudence des États de laisser un pouvoir si dangereux et si exorbitant entre les mains d'un seul homme[1] ». Le Général doit être renseigné sur tout ce qui se passe, et il l'est de façon secrète et mystérieuse. Si, dans un royaume, une famille agissait de même, le gouvernement n'aurait-il pas raison d'en prendre ombrage ?

Aussi, sans juger nécessaire de bannir du pays un corps tout entier, La Chalotais conclut en demandant que la Société soit dissoute ; montrant même une certaine compassion pour ces religieux qui subissent une discipline, il demande que les Jésuites redeviennent citoyens, et il assure que, satisfaits de leur nouvelle situation, ils remercieront ceux qui les auront délivrés, et qui les auront fait rentrer sous l'empire des lois[2]. En même temps, il interjetait appel comme d'abus de toutes les Bulles, des Constitutions de « la Société se disant *de Jésus* », et demandait qu'on intimât le Général et la Société sur ledit appel, qu'on brûlât les livres de la Société enseignant les doctrines détestables qu'il avait dénoncées, et qu'enfin on priât le Roi d'ordonner que tout Ecclésiastique soit tenu de signer la Déclaration du Clergé de 1682.

Dans son audience solennelle du 23 décembre, le Parlement confirma les conclusions du Procureur Général.

1. *Comptes rendus*, p. 159 ; cf. 157, 154.
2. *Ibid.*, p. 164.

A la suite du réquisitoire de La Chalotais, les Jésuites qui étaient déjà inquiets, par la seule perspective de voir leurs Constitutions soumises à l'examen du Parlement, perdirent tout à fait contenance. Ils reconnaissaient qu'ils traversaient une crise violente, et qu'ils n'en pouvaient sortir que « par un miracle »[1]; à certains même, le réquisitoire ouvrit les yeux[2]; mais, malgré tout, au cours même des délibérations du Parlement, ils publièrent, à Rennes, chez l'éditeur Vatar, un *Mémoire* qui devait leur servir de justification[3]. Dans ce *Mémoire* distribué aux Magistrats le 12 décembre, ils protestent contre des « imputations graves, multipliées, publiques et diffamantes » et veulent employer « le style et les ressources de la raison » pour faire appel au « Public éclairé ». On répand aussi, contre La Chalotais, un écrit attribué au P. Griffet[4]; cet écrit fut dénoncé au Parlement de Rennes, par l'avocat général Duparc-Porée, à l'audience du 27 avril 1762, dans un réquisitoire qui dut produire une grande impression, et qui était un éloge de

1. Les *Nouvelles ecclésiastiques* du 31 juillet 1761 rapportent ces paroles.

2. Bachaumont, *Mémoires...*, 17 avril 1762 (t. I, p. 69).

3. *Mémoires concernant l'Institut, la Doctrine et l'Établissement des Jésuites en France*. Nouvelle édition plus ample, plus fidèle et plus correcte. A. Rennes, chez Nicolas-P.-Vatard, imprimeur-libraire, 1762, avec Permission.

4. Cette brochure avait pour titre : *Remarques sur un écrit intitulé Compte rendu des Constitutions des Jésuites par M. L.-R. de Caradeuc de La Chalotais*. 175 pages (voir les *Nouvelles ecclésiastiques* du 12 juin 1762). Barbier (*Chronique*, mars 1762, t. VIII, p. 31) trouve « cette brochure vive en parlant d'un procureur général », mais « c'est une critique légère et piquante » (avril 1762, *ibid.*, p. 40), sur son compte. Pour Bachaumont (*Mémoires*, 13 avril 1762, t. I, p. 68), « elle est faible de preuves et forte d'insolences ».

La Chalotais, de sa droiture et de sa loyauté[1]. La brochure des Jésuites fut condamnée au feu ; sur les réquisitions d'Omer Joly de Fleury, le Parlement de Paris avait fait de même, le 24 avril ; mais, le Général, ni la Société ne se présentèrent au Parlement dans les délais légaux. Ce défaut de la part des Jésuites fut, pour La Chalotais, une raison de demander un jugement définitif de cette affaire.

Le 21 mai 1762, il reprit la parole au Parlement, et, pendant trois audiences, lut un second *Compte rendu.*

Dans ce second réquisitoire, La Chalotais, soucieux de la justice à rendre à tous, va chercher, dans l'histoire des Jésuites, tout ce qui pourrait servir à leur défense. Il montre comment leur établissement fut utile à l'Église ; mais, ils ont cherché à dominer partout, et ont suscité de grands griefs contre eux ; aussi n'ont-ils pas toujours eu l'approbation des papes ; et s'ils soutiennent l'avoir eue, c'est que les Jésuites défigurent l'histoire[2]. Pourquoi, d'ailleurs, dans l'affaire présente, ne se sont-ils pas défendus juridiquement et légalement? Ils ont fait faire des espèces d'apologies sans signature et sans aveu[3]. La Chalotais discute pied à pied les objections qui ont été faites à ses premières accusations ; il dévoile les distinctions de mauvaise foi, pour couvrir les

1. Registres secrets, audience du 27 avril 1762.
2. *Comptes rendus*, p. 187, 193, 202.
3. Il s'agit du *Mémoire* que nous avons cité plus haut ; mais celui auquel se rapporte La Chalotais n'est pas absolument le même que celui que nous avons signalé ; ce dernier est une édition postérieure et « plus ample », les Jésuites éprouvant le besoin de faire de nouvelles apologies, et ajoutant toujours à leur défense.

abus. Il n'est pas un antireligieux, mais il ne veut pas que ce soient des moines qui gouvernent l'Église; il fait la distinction entre les Réguliers et les Séculiers. Les uns sont étrangers, tandis que les autres sont français et citoyens[1]. Or, les livres et les écrits des Jésuites contiennent des affirmations contraires à la sûreté de l'État, car ils sont attachés aux opinions ultramontaines. Pour s'en convaincre, il n'y a qu'à lire le recueil publié par le Parlement de Paris, sous le titre de *Extraits des assertions dangereuses et pernicieuses en tout genre*[2]; La Chalotais le dépose au Parlement de Rennes, et s'en sert pour étayer sa démonstration. Il réclame pour les droits de l'autorité civile, pour le droit universel des nations, auquel les Jésuites n'ont jamais voulu se soumettre[3]. Ayant en vue les intérêts de la Religion

1. *Ibid.*, p. 236, 248.

2. *Extraits des assertions dangereuses et pernicieuses en tout genre*, que les soi-disans Jésuites ont, dans tous les temps et persévéramment soutenues, enseignées et publiées dans leurs livres, avec l'approbation de leurs Supérieurs et Généraux. Paris, chez Pierre-Guillaume Simon, imprimeur du Parlement, 1762. Ce recueil (voir les *Nouvelles ecclésiastiques* du 6 février 1763, et Grimm, *Correspondance littéraire, philosophique et critique*, édit. Tourneux, 16 vol. Paris, 1878; avril 1763, t. V, p. 71), fait avec grand soin et disposé de façon à faciliter les recherches, donna lieu à de nombreuses polémiques. L'évêque de Soissons condamna les assertions des Jésuites par une ordonnance du 22 décembre 1762, que le Saint-Office prohiba; à son tour, le Parlement de Paris ordonna, le 19 mai 1763, la suppression du décret de l'Inquisition de Rome. D'un autre côté, l'archevêque de Paris, M. de Beaumont, ayant taxé d'infidélité les *Extraits*, le Parlement fit faire des vérifications de textes, et convainquit d'infidélité l'archevêque lui-même qui, d'ailleurs, était coutumier du fait (voir J.-J. Rousseau, *Lettre à M. de Beaumont*; *Œuvres complètes*, édition Musset-Pathay, t. VI, p. 58, 122 et note). Les Jésuites répandirent une réponse aux *Assertions*, communément appelée *Les Contr'Assertions*, mais dont le titre véritable était: *Témoignages remarquables dans la cause des Jésuites*.

3. *Comptes rendus*, p. 253, 261; cf. p. 237.

et de l'État, il demande la dissolution de la Société, mais en assurant la vie à ses membres, pourvu qu'ils adhèrent aux quatre propositions de l'Assemblée du Clergé de 1682[1].

Par son arrêt du 27 mai 1762, le Parlement déclara les Règles et Régimes des Jésuites injurieux à la majesté divine et à la majesté des rois, destructifs de la liberté naturelle des esprits et des consciences, et prononça la dissolution de la Société des « soi-disans Jésuites ».

II

Si le Parlement de Bretagne suivit, dans l'affaire des Jésuites, le Parlement de Paris, les autres Parlements imitèrent l'exemple donné à Rennes. De tous côtés, on requiert contre l'Institut des Jésuites; tous les Parlements écoutent des *Comptes rendus* et délibèrent sur les conclusions des Procureurs Généraux et des commissaires chargés de l'examen des Constitutions. Grimm écrit le 1er juillet 1762 : « On est inondé de *Comptes rendus* aux Parlements[2] ». A Aix, c'est celui de Ripert de Monclar, qui vaut à son auteur, les éloges des contemporains[3], mais auquel le réquisitoire de La

1. *Ibid...*, p. 280, 289.
2. *Correspondance...* (t. V, p. 121). Cf. Barbier, *Chronique,* mars 1762 (t. VIII, p. 26).
3. Voltaire, en parlant de lui (*Dictionnaire philosophique*; article JÉSUITES, l'appelle « l'illustre M. de Monclar..., l'oracle du Parlement de Provence ». Les *Nouvelles ecclésiastiques* (28 mars 1763) jugent ainsi son *Compte rendu*: « Un écrit qui suffirait pour l'immortaliser,... qui donne de ses talents la plus haute idée. »

Chalotais porta un certain tort devant l'opinion publique[1]. A Rouen, le Procureur Général Charles; à Bordeaux, Pierre-Jules Dudon; à Pau, de Belloc et de Mosqueros; à Metz, Bertrand et Michel de Vatimont étudient la politique des Jésuites, et concluent à la dissolution de la Société. Les Jésuites répondent par des libelles injurieux aux réquisitoires des Procureurs qu'ils attaquent même dans leur vie privée[2]; mais il y a partout unanimité contre la Société; la plupart des membres des Parlements avaient cependant été les disciples des Jésuites[3]; et cette conformité de sentiments et d'arrêts rendus contre une Société jugée dangereuse n'est point un concert convenu ni recherché; tous les

1. Voir Grimm, *Correspondance*, 1er avril 1763 (t. V, p. 258) : « Le *Compte rendu* de M. de Monclar n'a pas fait la sensation qu'il devait faire, parce que celui de M. de La Chalotais en avait fait une trop forte pour ne pas épuiser totalement l'attention du public sur cet objet. Cependant, l'ouvrage de M. de Monclar, fait sur un plan différent, mérite d'être conservé à côté de celui de M. de La Chalotais; il y a même apparence que ce seront les deux seuls ouvrages qui resteront de cette fameuse querelle. »

2. Par exemple, *Il est temps de parler, ou Compte rendu au public des Pièces légales de M. Ripert de Monclar et de tous les événements arrivés en Provence à l'occasion de l'affaire des Jésuites* (voir Bachaumont. *Mémoires*, 31 janvier 1764, t. II, p. 15; et Voltaire, *Dictionnaire Philosophique*; art. JÉSUITES), et *Tout se dira*, réponse au *Compte rendu* fait au Parlement de Metz (voir Bachaumont, *Mémoires*, 18 février 1764, t. II, p. 25; et Voltaire, *ibid.*). Grimm (*Correspondance*, 15 août 1762, t. V, p. 144) dit : « La foule des écrits de toute espèce que cette querelle a occasionnés est innombrable »; et il cite ces libelles, à mesure qu'ils paraissent; Bachaumont fait de même; ce sont, par exemple : *Réponse aux objections publiées contre l'Institut des Jésuites*; *Coup-d'œil sur l'arrêt du Parlement de Paris du 6 août 1761*; *Relation de ce qui s'est passé au Parlement d'Aix dans l'affaire des Jésuites*; *Lettre écrite au Roi par M. l'Évêque D. P. sur l'affaire des Jésuites*; *Mes doutes sur la mort des Jésuites*. — Cf. *Compte rendu au Parlement de Besançon* : « Tout est fraudé, examiné, censuré avec la licence la plus scandaleuse » (p. 266).

3. Voltaire, *loc. cit.*

Magistrats sont guidés par les mêmes principes[1] ; pour tous, l'État et la Religionparaissent également intéressés dans cette affaire[2].

Tous ces Parlementaires ne tarissent pas d'éloges sur les *Comptes rendus* de La Chalotais ; au Parlement de Besançon, on parle de « ce Magistrat célèbre qui a rendu le compte le plus impartial et le plus profond[3] » ; le Procureur Général de Toulouse avoue qu'il est « guidé par ces grands Magistrats dont les ouvrages devenus publics ont excité l'admiration de toute la France[4] » ; un des commissaires du Parlement de Dijon cite un passage de La Chalotais qu'il traite d' « illustre Magistrat[5] » ; Ripert de Monclar dit qu'il est « un Magistrat au-dessus de tous les éloges », et qu'il n'a pas besoin d'apologie.

Comme on devait s'y attendre, les amis des Jésuites s'attaquèrent à La Chalotais. La population de Rennes excitée par les bons pères brûla en effigie le Procureur Général et le chansonna sur tous les tons[6].

Certains adversaires allèrent jusqu'à prétendre qu'il

1. *Compte rendu au Conseil souverain du Roussillon*, 21 avril 1762, p. 2. Cf. *Journal Encyclopédique*, par une société de gens de lettres. A Liège, chez Everard Kints, avril 1762.

2. Voir les *Compte rendu au Palement de Bordeaux* (14 mai 1762), *au Parlement de Toulouse* (7-11 mai 1762), etc.

3. *Compte rendu au Parlement de Besançon*, 18 août 1762, p. 321.

4. *Compte rendu au Parlement de Toulouse*, 7-11 mai 1762, p. 194.

5. *Compte rendu au Parlement de Bourgogne*, 6 juillet 1763. L'auteur cite précisément le passage du premier *Compte rendu*, où La Chalotais exprimait l'avis qu'il fallait rendre les Jésuites à la vie civile, parce qu'ils « sont les enfants de nos villes, nos concitoyens, nos compatriotes, etc. » (p. 163).

6. Ducrest de Villeneuve et D. Maillet, *Histoire de Rennes*. Rennes, 1845, p. 369.

n'était pas l'auteur des *Comptes rendus*[1], et le bruit courut qu'ils étaient de d'Alembert[2]. On colportait les mêmes insinuations contre d'autres Procureurs Généraux en vue de les discréditer[3]. Deux ou trois ans plus tard, on essaiera encore de porter atteinte à la réputation de ces Magistrats, en soutenant qu'ils ont tous puisé à la même source, et que c'est un même écrivain qui a fait tous les *Comptes rendus*[4].

Toutes ces attaques n'empêchèrent pas les *Comptes rendus* d'avoir un succès inouï : plus de douze mille exemplaires furent vendus en moins d'un mois[5] ; la réputation de La Chalotais était établie ; venant à Paris, il y est très bien accueilli par les gens de lettres, les Encyclopédistes, les Économistes ; il entre en relation avec tous les cercles de la Capitale, avec les ministres ;

1. Voir l'abbé Georgel, *Mémoires pour servir à l'histoire des événements de la fin du XVIIIe siècle*, t. I, p. 61 ; et Brissot, *Mémoires*, I, p. 158. Le gendre de La Chalotais, M. de de la Fruglaye, affirme avoir lu *feuille par feuille* les *Comptes rendus* à mesure que son beau-père les rédigeait (*Mémoires manuscrits de M. de la Fruglaye*).

2. Bachaumont, *Mémoires*, 13 avril et 26 juin 1762 (t. I, p. 67, 96).

3. Par exemple, contre Riquet, Procureur au Parlement de Toulouse.

4. *Compte rendu au Public des Comptes rendus aux divers Parlements et autres cours supérieures*, précédé d'une réponse décisive aux Imputations dont on a chargé les Jésuites, leur Régime et leur Institut, 2 vol. Paris, chez les libraires associés, 1765. L'auteur parle des « grotesques démonstrations du Magistrat de Rennes », de « ses paralogismes » (t. I, p. 126, 296), pense que tous les magistrats se sont servis de la *Chronologie novénaire* de Palma Cayet (t. II, p. 528) ; et il annonce son intention de prouver, dans un ouvrage postérieur, que tous les *Comptes rendus* sont de Palma Cayet.

5. Grimm, *Correspondance*, 15 avril 1762 (t. V, p. 71). Cf. Michelet, *Histoire de France*, t. XVII, p. 77 : « Toute la France lut, admira le réquisitoire, les écrits du procureur général, du Breton La Chalotais. »

un de ses ennemis avoue qu'il y parut « avec tout l'appareil d'un triomphateur[1] »; son succès lui aurait même fait tourner la tête, et il serait revenu dans sa Province « ivre d'amour-propre[2] »; quoi d'étonnant si cela était vrai, chez un homme qui, tout d'un coup, et sans l'avoir cherché, trouve la célébrité? Mais nous savons, par les témoignages des contemporains, que son succès était de bon aloi, et que, tout simplement, il excitait une certaine jalousie.

Un témoin, comme Bachaumont, constate d'abord qu' « on parle beaucoup du réquisitoire de M. le Procureur Général[3] »; l'apparition du second *Compte rendu* fait encore grandir son admiration; car cette seconde partie « atterre, foudroie, pulvérise de plus en plus le colosse de la Société[4] ». De même, Barbier répète que l'opinion publique n'a que des éloges pour le talent de La Chalotais, et que tout le monde est curieux de lire son œuvre[5]; il la met au-dessus des autres réquisitoires prononcés dans les autres Parlements, et nous savons par là, que cette supériorité ne ne lui est pas attribuée seulement parce qu'il a fait

1. Abbé Georgel, *Mémoires*, t. I, p. 61.
2. Sénac de Meilhan, *Portraits et caractères du XVIIIe siècle*, p. p. de Lescure.
3. Bachaumont, *Mémoires...*, 24 février 1762 (t. I, p. 49).
4. Id., *ibid.*, 7 juillet 1762 (t. I, p. 102). Cf. 13 septembre 1762 (t. I, p. 126) : « son beau réquisitoire ».
5. Barbier, *Chronique...*, février 1762 (t. VIII, p. 14) : « Un réquisitoire du Procureur Général au Parlement de Rennes, que l'on regarde comme un chef-d'œuvre contre cette Société (les Jésuites). » *Ibid.* (t. VIII, p. 19) : « Il est entre les mains de tout le monde ; il y en a plusieurs éditions. C'est le plus savant et le meilleur ouvrage qu'on ait fait encore contre les Jésuites. » Avril 1762 (t. VIII, p. 40) : « Il a fait beaucoup d'impression dans Paris. »

preuve d'une grande énergie dans une province où les Jésuites avaient des sympathies, mais aussi de la science juridique qu'elle a manifestée.

Un périodique littéraire de l'époque, le *Journal Encyclopédique* dit que tout le monde est avec La Chalotais, malgré les diffamations dont il a été l'objet et que le chroniqueur n'essaie pas de passer sous silence, comme il aurait pu le faire dans un recueil bibliographique[1].

Les *Nouvelles ecclésiastiques,* organe des Jansénistes, constatent quelle admiration l'apparition des *Comptes rendus* a provoquée dans tous les cercles, dans tous les mondes, grâce à leur force d'argumentation et à leur éloquence[2]; les *Nouvelles* en donnent des analyses développées et des extraits[3], et ne craignent pas de répé-

1. En parlant du libelle publié contre La Chalotais et que nous avons mentionné plus haut (*Remarques sur un écrit intitulé,* etc.), le chroniqueur du *Journal Encyclopédique* dit (juin 1762): « Le *Compte rendu* de M. de La Chalotais a eu les suffrages et l'admiration de tout le monde », et il constate qu'il a produit son effet (*ibid.*, août 1762: « On regarde déjà cette Société comme anéantie »). L'année suivante, à propos d'un ouvrage italien sur l'Histoire des Jésuites, il fait ressortir la réputation dont La Chalotais jouit avec Ripert de Monclar (*ibid.*, avril 1763): « Les excellentes analyses [sur les Constitutions des Jésuites] de M. de La Chalotais et de M. de Monclar ont passé au-delà des Monts. »

2. *Nouvelles ecclésiastiques,* 10 avril 1762: « Si nous avons différé d'en parler [du *Compte rendu*], ce n'a été que pour faire plus d'honneur au beau réquisitoire de M. de La Chalotais, qui fait l'admiration de la Cour, de la Magistrature, et de toutes les personnes de sens et amies du vrai. Le public qui se connaît en ouvrages de goût n'a qu'une voix sur celui-ci. On y relève comme à l'envi la netteté des idées, la solidité des principes, la force des preuves, cette unité de vues qui ramène les Constitutions des Jésuites, à un double pouvoir: celui du Pape et celui du Général... Ces morceaux pleins de feu marqués au coin de la véritable éloquence, mais d'une éloquence de choses, qui porte la lumière dans l'esprit, qui remue le cœur, et que la vérité seule peut donner. »

3. Voir numéros des 29 mai, 5 et 12 juin 1762.

ter leurs éloges[1]. Malgré la cause qu'elles défendent, les *Nouvelles ecclésiastiques* ne sont pas suspectes de partialité à l'égard de La Chalotais; car, plus tard, elles formuleront des critiques au sujet de certaines de ses opinions[2].

Un critique qui est loin de ménager ses contemporains et exprime parfois son opinion avec une franchise brutale, Grimm, après avoir simplement annoncé le succès du volume en librairie[3], constate la « prodigieuse impression » et « l'effet terrible » qu'il a produits. Des auteurs de brochures anonymes vont jusqu'à décerner à La Chalotais les honneurs de l'immortalité[4].

Des hommes qui, à ce moment, avaient une grande autorité sur le public ne ménageaient pas à La Chalotais les éloges les plus sérieux. D'Alembert estime que les *Comptes rendus* sont le « seul ouvrage philosophique » sur la question, et qui, par cela même, tranche sur ceux

1. 29 mai : « La modération dans les expressions, la force dans les choses, la manière simple et naturelle de les présenter,... le ton de raison et d'impartialité avec lequel toutes ces choses sont déduites, ont fait la plus vive impression... Ce discours est démonstratif et sans réplique. »

2. Voir plus loin.

3. Grimm, *Correspondance*, 15 avril et 1er mai 1762 (t. V, p. 71 et 87). *Ibid.*, 1er juillet (t. V, p. 121) : « Jamais ouvrage polémique n'a porté un coup plus cruel et plus irréparable »; 15 août (t. V, p. 144): « Jamais ouvrage n'a fait un effet aussi terrible que ses *Comptes rendus.* »

4. On lit dans une *Lettre politico-philosophique,* 16 mai 1762 : « Un Magistrat célèbre, si éclairé d'ailleurs et qui par un Réquisitoire mémorable à jamais, vient d'immortaliser son nom... »; et l'auteur d'une *Lettre où l'on examine quel Plan d'Études on pourrait suivre dans les Écoles publiques,* Paris, 2 août 1762, dit : « L'ouvrage de ce Magistrat est seul capable de l'immortaliser. » Cette *Lettre,* sur laquelle nous aurons à revenir, n'est pas signalée dans le *Dictionnaire des Anonymes* de Barbier.

2

de ses collègues[1]. Plus tard, il le considérera, à ce sujet, comme « un homme d'État », comme « un philosophe »[2]; il lui fait l'honneur de le citer dans l'*Encyclopédie*[3], et il écrit son article, en résumant les *Comptes rendus* publiés par tous les Parlements. Voltaire fut aussi un des grands admirateurs de La Chalotais. Celui-ci lui envoie successivement ses *Comptes rendus*. Voltaire juge que ce réquisitoire est, un « ouvrage philosophique », un « chef-d'œuvre »; il ne craint pas de revenir sur cette appellation[4]; et ce n'est pas seulement dans des lettres personnelles qu'il fait l'éloge du Procu-

1. Lettre de d'Alembert à Voltaire, 31 mars 1762. « C'est, à mon avis, un terrible livre contre les Jésuites, d'autant plus qu'il est fait avec modération. C'est le seul ouvrage philosophique qui ait été fait jusqu'ici contre cette canaille. Il s'en faut bien que cet esprit de philosophie règne dans les parlements. » Voir *Œuvres complètes* de Voltaire, édit. Moland, tome XLII, p. 81.

2. *Destruction des Jésuites*, 1765, p. 159 : « M. de La Chalotais paraît surtout avoir envisagé cette affaire en homme d'État, en philosophe, en Magistrat éclairé et dégagé de tout esprit de haine et de parti. »

3. Article JÉSUITE. D'Alembert cite le second *Compte rendu* du « Procureur Général du Roi au Parlement de Bretagne » ; et il dit, en parlant de cet article : « Ce n'est qu'un extrait succinct et fidèle des *Comptes rendus* par les Procureurs Généraux, des Mémoires imprimés par ordre des Parlements, et des ouvrages nombreux publiés dans ces derniers temps. »

4. Voltaire, Lettres à La Chalotais, 17 mai 1762 : « Réquisitoire répandu dans toute l'Europe avec le succès que mérite le seul ouvrage philosophique qui soit jamais sorti du barreau. » 11 juillet 1762 : « Vous confondez les Jésuites et vous instruisez les historiens. Le Mémoire que vous avez daigné m'envoyer est très plausible... La vraie éloquence n'est plus qu'en province. Les *Comptes rendus* en Bretagne et en Provence sont des chefs-d'œuvre ; Paris n'a rien à leur opposer, et il s'en faut beaucoup. » 21 juillet 1762 : « Votre nouveau chef-d'œuvre... Tous les deux sont d'autant plus forts qu'ils sont ou paraissent être plus modérés... Ces deux ouvrages sont la voix de la patrie qui s'explique par l'organe de l'éloquence et de l'érudition. Vous avez jeté des germes qui produiront un jour plus qu'on ne pense. »

reur; quelques années plus tard, en 1768, il écrit le *Précis du siècle de Louis XV*; et parlant de la destruction des ordres monastiques et des progrès de la science du gouvernement, il ne manqua pas de citer l'œuvre des Parlementaires, et, en première ligne, celle de La Chalotais, comme un facteur important de ce progrès[1]. Il faut d'ailleurs reconnaître que des ennemis de La Chalotais approuvaient ses *Comptes rendus*; le duc d'Aiguillon disait : « Les *Comptes rendus* de Rennes sont bien faits et bien écrits »[2].

D'une façon générale, le plus grand éloge que les contemporains firent des *Comptes rendus* fut de constater la modération dont ils faisaient preuve ; au milieu de l'animosité que soulevaient les Jésuites, on admira le calme et la modération qui mettaient La Chalotais, non pas parmi les ennemis irréfléchis, mais plutôt parmi les penseurs et les philosophes[3].

1. *Précis....*, ch. XLIII : Des progrès de l'esprit humain dans le siècle de Louis XV (Œuvres, t. XV, p. 430); les discours des Parlementaires sont « des chefs d'œuvre de l'art de penser et de s'exprimer »; et, dans une note, Voltaire renvoie aux discours de La Chalotais, ainsi qu'à ceux de Ripert de Monclar; il reprend l'idée qu'il a exprimée dans ses Lettres : la Province est l'émule de la Capitale, etc.

2. *Journal du Commandement*, III, 20.

3. C'est le sentiment de Voltaire (lettre du 21 juillet 1762), de d'Alembert (Lettre à Voltaire, 31 mars 1762; *Destruction des Jésuites*), des *Nouvelles ecclésiastiques* (29 mai 1762), de Bachaumont (*Mémoires*, 7 juillet 1762, t. I, p. 102), ainsi que d'un historien qui n'est pas, de façon générale, sympathique à La Chalotais (Marcel Marion, *La Bretagne et le duc d'Aiguillon*, 1753-1770. Paris, 1890, p. 172 : « Il y règne une modération qui est une force de plus. ») C'était aussi le jugement que La Chalotais lui-même portait sur son ouvrage, jugement qui était l'écho de celui des contemporains. Il écrit dans ses *Mémoires* (édition Gilbert de Voisins. Paris, 1826, p. 31). « Son plus grand mérite (s'il en a quelqu'un) est peut-être son extrême modération. » Les amis des Jésuites, en vue de combattre cette opinion générale, voulaient précisément établir un contraste entre le réqui-

Cependant, ce n'était pas, seulement avec le parti philosophique que La Chalotais était d'accord en demandant la dissolution de la Société de Jésus[1]; c'était avec toute la Nation, dont, à ce moment, il fut l'organe. Voltaire ne lui écrit-il pas, le 21 juillet 1762 : « Ces deux ouvrages sont la voix de la Patrie qui s'explique par l'organe de l'éloquence et de l'érudition? »; et un anonyme reconnaît, quelques jours plus tard, qu' « il s'est rendu l'interprète du public »[2]. L'autorité du Parlement s'était imposée à tous, même par la force, quand il y eut besoin[3].

L'Assemblée du Clergé qui s'était réunie le 30 novembre 1761, chez le Cardinal de Luynes, pour discuter sur l'affaire des Jésuites, avait été d'avis que ces religieux

sitoire de La Chalotais, et celui de Omer Joly de Fleury qu'on trouvait plein de modération (*Appel à la Raison des écrits et libelles publiés par la passion contre les Jésuites de France*. Cf. *Nouvelles ecclésiastiques*, 21 août 1765, voir plus loin). La même opinion a été exprimée dans la *Biographie universelle* de F.-X. de Feller, continuée par Ch. Weiss et l'abbé Busson. Paris, 1848: « Ils (Les *Comptes rendus*) sont écrits avec une force égale à la haine qu'il avait vouée à ces religieux. » Crétineau-Joly (*Histoire de la Compagnie de Jésus*, t. V, p. 211) accuse La Chalotais de s'être laissé « emporter par des violences dont il ne calcula que plus tard les tristes effets. »

1. D'Alembert, *Destruction des Jésuites*, p. 192: « On les regardait comme les grands grenadiers du fanatisme, comme les plus dangereux ennemis de la raison. »

2. *Lettre où l'on examine*, etc. Parlant du bruit répandu, d'après lequel les *Comptes rendus* seraient l'œuvre de d'Alembert, Bachaumont (*Mémoires*, 13 avril 1762, t. I, p. 68), ajoute avec une certaine finesse malicieuse: « Ce Jésuite donne par là assez à entendre que le Magistrat n'a pas parlé d'après lui seul. » Cf. Henri Martin, *Histoire de France*, t. XVI, p. 212-213: « Les noms parlementaires, surtout des Monclar et des La Chalotais, égalèrent un instant en popularité les grands noms philosophiques du siècle. »

3. Le Parlement de Bordeaux et le Parlement de Normandie firent arrêter des personnes qui s'étaient permis de critiquer leur procédure (*Journal Encyclopédique*, août 1762).

devaient rester dans le royaume « qu'ils illustrent par leurs talents »[1]; mais les résolutions de cette Assemblée que l'on jugeait prises d'avance[2], n'eurent pas d'influence sur l'opinion publique; et La Chalotais avait mis en garde le Parlement contre l'influence que pouvait avoir l'autorité des prélats assemblés[3]; cette autorité était d'ailleurs singulièrement battue en brèche par les écrits audacieux qui paraissaient contre les Jésuites[4]. Les publications que l'on répand en leur faveur, même en usant de supercheries pour les faire attribuer à des écrivains en renom[5], ne sont que des manifestations d'une rage impuissante[6], où l'on ne trouve que des pla-

1. *Journal Encyclopédique*, janvier 1762. Voir aussi Barbier, *Chronique...*, novembre 1761 (t. VII, p. 418) et janvier 1762 (t. VIII, p. 1). Des évêques de Bretagne faisaient partie de l'Assemblée du Clergé, ceux de Rennes, de Saint-Pol-de-Léon, de Saint-Malo; ce dernier M. de la Bastie, affecta de loger chez les Jésuites pendant l'Assemblée (*Nouvelles ecclésiastiques*, 31 août 1762).

2. *Nouvelles ecclésiastiques*, 31 août 1762.

3. *Comptes rendus*, p. 8. « On voit des évêques qui se joignent encore plus inconsidérément. » Cf. *Nouvelles ecclésiastiques*, 29 mai 1762.

4. Nous en citerons quelques-uns: *Mémoire dans lequel on prouve par l'Institut et par la conduite des Jésuites qu'ils ont toujours été les ennemis de l'Épiscopat et des Évêques*, 144 p. — *L'Inutilité des Jesuites démontrée aux évêques*. En France, 1752 (*sic*). La brochure est de septembre 1762 (voir Grimm, *Correspondance*, 1er septembre 1762). *Problèmes historiques proposés à Nosseigneurs les Évêques de France en général et à plusieurs d'entr'eux en particulier, sur le respect porté par les Jésuites à l'Épiscopat*, 1762. *Parallèle de la conduite du Clergé avec celle du Parlement à l'égard des Jésuites*, 147 p. (voir *Nouvelles ecclésiastiques*, 7 septembre 1762). Le Parlement condamna cet écrit, par un arrêt du 27 mars 1762.

5. Voir Grimm, *Correspondance*, 1er mai 1759 (t. IV, p. 108); *ibid.*, 15 mai 1762 (t. V, p. 87): « Un ami caché des Jésuites a fait un *Médiateur* qui, abandonnant les dits pères sur beaucoup de points, veut pourtant qu'on les conserve. Il a daté son écrit de Ferney pour nous faire accroire qu'il vient de Voltaire; mais le plus sûr moyen de nous tromper là-dessus, ce serait d'écrire et de faire comme lui. »

6. Grimm, *Correspondance*, 15 septembre 1762 (t. V, p. 160). Ba-

titudes, sans aucun argument victorieux[1]. On fait, au contraire, bon accueil aux traductions françaises d'ouvrages italiens contre les Jésuites[2], aux estampes[3], et aux chansons injurieuses à leur égard[4]; et, en vue de les discréditer davantage, on se complaît à répéter toutes les condamnations qu'ils ont subies[5]. Le pamphlet le plus sérieux qui fut fait, pour disculper les Jésuites, ne fit aucun effet sur le public. *L'Appel à la Raison des écrits et libelles publiés p r la passion contre les Jésuites de France* fut très répandu[6]; mais il parut à tout le monde moins tolérable que toutes les autres apologies lancées par la Société[7]. Par les comparaisons qu'on faisait entre eux, on y cherchait à exciter la jalou-

chaumont, *Mémoires*, 19 août, 1er octobre 1762 (t. I, p. 117, 130), à propos du livre : *Les trois nécessités*.

1. Bachaumont, *Mémoires*, 4 avril 1762 (t. I, p. 64) : « Rien n'est plus plat ni plus misérable », à propos d'un *Dies iræ*. *Ibid.*, 25 février 1763 (t. I, p. 179), à propos de l'*Apologie des Jésuites*, attribuée au P. Griffet. Grimm (*Correspondance*, 15 avril 1762, t. V, p. 73 ; cf. *ibid.*, p. 275) : « La Société n'a pas à se louer de la fécondité de nos écrivailleurs » (id., *ibid.*, 15 mai 1762, t. V, p. 87).

2. *Nouvelles ecclésiastiques*, 10 décembre 1760, 24 juillet 1761.

3. *Ibid.*, 3 avril 1762 ; Bachaumont, *Mémoires*, 18 mai 1762 (t. I, p. 83).

4. Bachaumont, *Mémoires*, 17 février 1762 (t. I, p. 43), chanson sur l'Assemblée des évêques ; 1er avril 1762 (*ibid.*, p. 83) ; Barbier, *Chronique*, décembre 1762, janvier 1763 (t. VIII, p. 61 et 64); Grimm, *Correspondance*, 1er mars 1763 (t. V, p. 244).

5. *Étrennes jésuitiques pour l'année 1761, ou les Jésuites démasqués, ou Annales historiques de la Société*. A Cologne, aux dépens de la Compagnie (voir *Nouvelles ecclésiastiques*, 6 mars 1761).

6. Cet *Appel* était attribué à l'abbé de Caveirac, apologiste de la Saint-Barthélemy (Bachaumont, *Mémoires*, 8, 14 août, 28 décembre 1762, t. I, p. 113, 115, 159) et à l'abbé Brothier (id., *ibid.*, 30 septembre 1763, t. I, p. 281). Il parut aussi un *Nouvel Appel à la Raison* (Grimm, *Correspondance*, 15 août et 1er septembre 1762, t. V, p. 144 et 154).

7. *Nouvelles ecclésiastiques*, 6 février 1763 : « L'esprit de fanatisme et de révolte s'y montre à découvert presque à chaque page. »

sie et la mésintelligence entre les Magistrats[1]; on y attaquait, sans le nommer, La Chalotais et ses *Comptes rendus*; on contestait ses affirmations; et s'occupant de sa vie privée, l'auteur lui faisait un reproche d'avoir connu la célèbre artiste Adrienne Lecouvreur, à laquelle il avait, en effet, demandé autrefois des leçons de déclamation et de diction[2]. Il nous est permis de croire que La Chalotais songea à répondre à ce pamphlet; il aurait même choisi le titre de sa réponse: *Le Jugement de la Raison*; mais il lui fut représenté que cette riposte était inutile, étant donné le peu de cas que le public avait fait de la diffamation[3].

III

Si l'opinion générale se montrait ainsi favorable aux Parlementaires, cela n'était pas dû à un entraînement irréfléchi, et aux passions du moment. On avait de nombreux griefs contre les Jésuites.

Déjà en 1760, avant les procès qui leur furent intentés, on constatait que le décri universel où sont tombés

1. *Ibid.*, 21 août 1765.
2. Voir les *Lettres de Adrienne Lecouvreur*, réunies pour la première fois par Georges Monval, 1892: Lettre du 11 mars 1730.
3. Dans la lettre qu'il adresse à La Chalotais le 21 mars 1763, Voltaire lui dit: « Vraiment le *Jugement de la Raison* est un joli sujet; mais les *Appels à la Raison* sont déjà oubliés. » Ils furent aussi lacérés et brûlés à Metz, par ordre du Parlement; et, à Rennes, l'avocat général Le Prestre de Châteaugiron dénonce longuement les deux libelles, que le Parlement condamna au feu (Archives d'Ille-et-Vilaine, série B, 467, n° 382. Registre secret du Parlement, Saint-Martin 1762, 24 décembre 1762).

les Jésuites, était très ancien, et l'on exprimait ouvertement tous les reproches qu'on avait à leur faire, aux points de vue politique, civil et religieux[1]. Bien qu'ils eussent des amis dans la grande robe et dans les gens de qualité, on est indisposé contre eux[2]. Il n'y avait pas de forfaits qu'on ne les accusât d'avoir commis ou inspirés[3]; c'est l'empoisonnement de l'archevêque de Tours[4]; c'est l'affaire Ambroise Guys[5]; c'est l'attentat de Damiens contre Louis XV[6] et, hors de France, l'assassinat du roi de Portugal.

De plus, les Jésuites passaient pour être de « fins artisans d'intrigues temporelles et spirituelles[7] »; et ils avaient trouvé moyen de concentrer en eux et dans leur Institut tous les privilèges que les autres ordres n'avaient que séparément[8]; ils faisaient même un grand commerce de médicaments qui suscita un procès de la part des apothicaires et des épiciers : et, comme, dans leurs Collèges, ils vendaient en détail des comestibles et des denrées, il y eut de nombreuses plaintes de la part des bouchers et cabaretiers[9].

1. *Les Jésuites criminels de lèze-majesté dans la théorie et dans la pratique*, cinquième édition, 1760, La Haye.

2. Barbier, *Chronique...*, août, septembre 1761 (t. VII, p. 366, 399), et septembre 1762 (t. VIII, p. 21) : on le vit quand, à l'apparition des arrêts du Parlement, à Paris, l'imprimeur Simon réalisa de gros bénéfices par la vente considérable aux colporteurs (*Nouvelles ecclésiastiques*, 11 décembre 1761).

3. *Encyclopédie*, article JÉSUITE.

4. D'Argenson, *Journal et Mémoires*, édition Rathéry, 9 vol. Paris, 1865; novembre 1750 (t. VI, p. 294).

5. Barbier, *Chronique...*, mars 1759 (t. VII, p. 143).

6. Id., *ibid.* (t. VII, p. 5), et mars 1757 (t. VI, p. 497).

7. D'Argenson, *Journal et Mémoires*, mars 1752 (t. VII, p. 179).

8. *Nouvelles ecclésiastiques*, 23 octobre 1761.

9. *Nouvelles ecclésiastiques*, 6 août, 29 octobre 1760. Ces plaintes

Non contents de s'enrichir par le commerce, ils arrivaient, grâce à des fourberies et des menées injustes, à se faire léguer des fortunes par des testateurs qui laissaient leurs propres parents dans la misère. Tous les procédés leur sont bons pour faire affluer l'argent dans leurs caisses[1]; et en même temps, ils cherchent à s'exempter des taxes qu'ils doivent pour les biens qu'ils possèdent[2].

Cette cupidité portait les Jésuites à tout savoir des secrets des familles; ils avaient des affiliés parmi les gens de distinction, et des intelligences partout[3]. Cette manière de faire les faisait haïr du public; aussi La Chalotais ne manqua-t-il pas, dans son *Compte rendu*, de dénoncer énergiquement ces agissements[4], d'attirer l'attention sur ces « Jésuites invisibles, qui n'ont point l'habit religieux, mais un habit honnête, conforme à l'usage du lieu où ils vivent[5] ». Il était sûr d'avoir l'opinion publique

s'étaient produites à Pau (*Nouvelles ecclésiastiques*, 5 septembre 1763).

1. *Ibid.*, 29 mai 1761. A Alençon, les Jésuites présentent des lettres de change signées de Jésus-Christ; le Père spirituel du Collège, qui était le coupable, en fut quitte pour un déplacement. Cf. *Compte rendu au Parlement de Metz*, par M. Bertrand, p. 88.

2. *Nouvelles ecclésiastiques*, 7 août 1761 : le fait s'était produit au Collège de Billom.

3. A Rennes, on trouva la liste des personnes affiliées aux Jésuites, sous les décombres des latrines de leur Collège (Archives d'Ille-et-Vilaine. Registre secret du Parlement, audience du 20 novembre 1762). De même à Pontoise (*Nouvelles ecclésiastiques*, 1er août 1763; et Rolland d'Erceville, *Compte rendu aux Chambres assemblées concernant le Collège de Pontoise*, 11 mai 1763, dans le *Recueil de plusieurs ouvrages de M. le Président Rolland*. Paris, P.-G. Simon et Nyon, 1783; p. 708).

4. *Comptes rendus*, p. 35 et 152.

5. *Ibid.*, p. 41-42. Cf. Ripert de Monclar, *Compte rendu au Parlement de Provence*, 43e note, et Rolland d'Erceville, *Discours d'un des Messieurs des Requêtes du Palais toutes les chambres assemblées, sur*

pour lui, malgré les dénégations que les Jésuites ne manqueraient pas de lui opposer[1]. Mais le peuple, quoique très catholique, ne comprenait plus le monachisme, et traitait de paradoxes les livres où l'on essayait de le défendre : les moines, disait-on, dépeuplent les familles, quittent les campagnes, la société, les arts, pour aller, dans les cloîtres, comme a dit un grand homme, immoler l'espoir des races futures ; on veut, au contraire, des mains qui sèment, qui recueillent ; on veut, la fécondité des pères de famille qui sont les plus fermes appuis, les ressorts les plus essentiels des États[2]. On se plaignait aussi du fanatisme du Clergé, dont on attribuait la propagation aux fausses idées enseignées dans certains séminaires[3] ; on redoutait cette « maladie épidémique dont le germe ne s'éteint point » et que les Jésuites ont entretenue[4]. On les accusait d'innover dans la doctrine de la Foi, au sujet de la prédestination et de la grâce, de corrompre la morale évangélique par les décisions de leurs casuistes[5] ; et on les traitait « d'antichrétiens[6] ».

On accusait aussi les Jésuites d'avoir falsifié les *Mé-*

les Jésuites vivant dans le monde en habits séculiers, vulgairement appelés Jésuites de Robe-courte, 2 avril 1762 (*Recueil*, p. 357-377). Rolland, citant La Chalotais, démontre qu'il y a des « Jésuites externes », comme disait Ripert de Monclar.

1. C'est ce qu'ils firent dans le *Mémoire concernant l'Institut*, etc., p. 165 et suiv.

2. *Journal Encyclopédique*, décembre 1762, à propos de l'ouvrage : *Question politique où l'on examine si les Religieux rentés sont utiles ou nuisibles à l'État*, par Dom Benoît Gougel. Paris, Brocas, 1762 (cf. Grimm, *Correspondance*, 15 août 1762, t. V, p. 146).

3. *Mémoire de M. de Fitz-James, évêque de Soissons*, pour le Cardinal de La Rochefoucauld, 1755.

4. *Compte rendu au Parlement de Metz*, p. 80.

5. *Nouvelles ecclésiastiques*, 22 octobre 1760.

6. *Ibid.*, 15 mai 1762.

moires de Sully et d'en avoir retranché ce qui était désagréable pour eux, sous le prétexte de leur donner une meilleure forme. Comme, vers 1762, avec les écrits des Économistes, l'œuvre de Sully revenait, naturellement, à la mode, le public porta encore plus d'attention à cet attentat, et l'on crut utile de rééditer les *Observations* qu'avait données un anonyme, en 1747, sur l'édition de Sully sortie des officines des Jésuites[1]. De son côté, le parti philosophique vengea la mémoire de Sully, en suggérant à l'Académie française l'idée de mettre au concours pour le prix d'éloquence, l'*Éloge de Sully*[2]; cette décision, annoncée à la séance du 25 août 1762, reçut l'approbation du public[3] qui trouvait sans doute l'occasion favorable pour manifester contre les Jésuites.

Mais, ce que l'on reprochait surtout aux Jésuites, c'était leur ambition démesurée, leur instinct de domination et d'indépendance[4]; et Voltaire, en observateur

1. Cet anonyme était l'abbé de Montempuis, recteur de l'Université de Paris; ses *Observations* devinrent le *Supplément aux Mémoires de Sully* (Grimm, *Correspondance*, 1er août 1762, t. V, p. 140; Bachaumont, *Mémoires*, 12 août 1762, t. I, p. 115; *Nouvelles ecclésiastiques*, 9 novembre 1762).

2. Garat, *Mémoires historiques sur la vie de M. Suard, sur ses écrits et sur le* XVIIIe *siècle*, 2 vol. Paris, 1820, t. I, p. 291 : « Du salon de Madame de Marchai arriva à l'Académie, sans qu'aucun académicien s'en doutât, l'idée de proposer l'éloge de Sully. »

3. « On a battu des mains à cette annonce », dit Bachaumont (*Mémoires*, 25 août 1762, t. I, p. 119): et le discours de Thomas qui remporta le prix eut un grand succès et fit beaucoup de bruit (*ibid.*, 25, 30 août, 2 septembre, 19 octobre 1763).

4. D'Argenson (*Journal et Mémoires*, janvier 1752, t. VII, p. 58) le remarquait déjà ; Grimm disait aussi (15 avril 1762, t. V, p. 72) : « Le vrai crime de la Société est cette ambition démesurée, cette intolérance, cet esprit de persécution qui font son caractère... » C'était aussi l'avis des Parlementaires. *Compte rendu au Conseil souverain du Roussillon*, par M. de Salelles, 21 avril 1762, p. 89 : « Le but de la Société de Jésus est l'indépendance et la domination. » Même appré-

judicieux, attribuait leur perte, non pas aux méfaits qu'on leur imputait, mais à leur orgueil, car ils méprisaient toutes les Universités dont ils n'étaient pas, tous les livres qu'ils n'avaient pas faits[1].

Tous ces mécontentements de l'opinion faisaient que les *Comptes rendus* de La Chalotais et des autres Parlementaires reçurent l'approbation unanime du pays, qui ne regretta pas les Jésuites, comme le prétend Duclos[2]; on vit dans leur abaissement un triomphe de la raison humaine[3], qui pressentait un ordre de choses nouveau; et, ce ne fut pas uniquement l'esprit philosophique ou le parti janséniste qui remporta la victoire[4]; ce fut l'opinion dont les Parlementaires étaient les porte-paroles.

Mais ce n'est pas uniquement sous cet aspect que nous devons considérer cet événement; en ce qui concerne La Chalotais, ses intentions, et son action sur son temps, il nous faut étudier une autre face de sa pensée;

ciation dans les *Comptes rendus* de Toulouse et de Dijon. Cf. *Inutilité des Jésuites*, p. 60 et suiv.

1. Voir Voltaire, *Dictionnaire Philosophique*, article JÉSUITES OU ORGUEIL. Le titre seul est significatif. Cf. D'Alembert, *Destruction des Jésuites*, passim.

2. Duclos, *Voyage en Italie. Œuvres complètes*. Paris, 1806, t. VII, p. 40-41 : « La Chalotais et Monclar ont seuls donné l'impulsion à leurs compagnies... Généralement parlant, les provinces regrettent les Jésuites; et ils y reparaîtraient avec acclamation par des raisons que je développe dans un ouvrage particulier. » « La disgrâce des Jésuites n'a pas dû avoir à Paris une approbation bien marquée. Le Parlement a triomphé : l'Université, les gens de lettres, quoique la plupart leurs élèves, ont applaudi. » Les Jansénistes ont été joyeux; « le peuple, proprement dit, n'a pris aucun intérêt à cet événement ».

3. Voir Sismondi, *Histoire des Français*, 1842, t. XXIX, p. 231.

4. Voir F. Rocquain, *op. cit.*, p. 231 et passim.

ce que nous avons dit des *Comptes rendus,* et de l'opinion qu'en eurent les contemporains n'a d'autre but que de montrer, d'une façon générale, le changement qui se produisait en France ; il nous faut mettre en relief ce qui a été l'œuvre essentielle de La Chalotais.

CHAPITRE II

LA QUESTION PÉDAGOGIQUE DANS LES COMPTES RENDUS DES CONSTITUTIONS DES JÉSUITES

Quand on lit les *Comptes rendus,* ce qui apparaît, au premier abord, c'est l'ensemble des accusations que La Chalotais porte sur l'Institut des Jésuites aux divers points de vue politique, religieux et théologique. On peut même trouver que, parfois, il aborde longuement, mais avec bonheur, les subtilités de la discussion derrière lesquelles ces religieux pouvaient se retrancher. Il insiste sur la politique du Régime des Jésuites. Tout en reconnaissant que, en France, ils n'enseignaient pas la doctrine du régicide, représenter un ordre religieux comme attaché à ces doctrines, attirer l'attention sur des livres qu'on condamnait au feu, comme ceux de Busenbaum, et rappeler le nombre étonnant d'éditions qu'ils avaient eues, c'était un moyen sûr de frapper l'opinion des juges et du public, effrayés par une si grande diffusion de telles idées[1]. Mais il y a autre chose

1. C'était le point de vue de Grimm qui s'exprime ainsi, à propos du premier *Compte rendu* : « Il est vrai que si le Parlement n'eût objecté aux Jésuites que leurs torts réels, il n'aurait convaincu personne, et les frères soi-disant jésuites se seraient moqués de lui, au

dans les *Comptes rendus* de La Chalotais. On y voit percer à chaque instant la préoccupation de la question pédagogique; ce qui intéresse surtout La Chalotais, c'est la direction que les Jésuites donnent à l'éducation dans les nombreux Collèges qu'ils possèdent; c'est en cela qu'ils sont dangereux; s'ils restaient dans leurs cloîtres, au lieu « d'entrer dans l'ordre public » comme ils le font, en se chargeant de l'enseignement, qui se préoccuperait d'eux[1]? Pour cette raison, l'examen de leurs Constitutions intéresse l'éducation de la jeunesse.

Nous ne trouvons pas, dans les *Comptes rendus*, un exposé complet de la méthode scolaire des Jésuites, ni une critique détaillée de leur éducation; mais, chaque fois qu'il en a l'occasion, le Procureur Général indique rapidement, comme en passant, en quoi l'éducation de la jeunesse est en jeu; il semble même parfois que les conclusions qu'il tire viennent de prémisses sous-entendues, plutôt qu'exprimées; ne dit-il pas que, s'il interjette appel comme d'abus des Constitutions des Jésuites, c'est « pour l'honneur et la manutention des Lettres et des Sciences », alors que cette question occupe simplement quelques pages[2]? et l'arrêt que le Parlement rendra après son réquisitoire traite formellement de questions pédagogiques qui n'ont pas été agitées aussi expressément qu'il eût peut-être été nécessaire.

lieu que tout le monde est frappé des assertions pernicieuses, dangereuses, de ces vieux casuistes. Une sainte horreur s'empare du peuple, et l'on est persuadé que les jésuites passent leur vie à parler à leurs écoliers de meurtre, d'assassinats et d'abominations. » Voir surtout *Comptes rendus*, p. 59 et suiv., 66, 138 et suiv.

1. *Ibid.*, p. 2, 129, 235.

2. *Ibid.*, p. 170; voir aussi p. 122-126.

Malgré la brièveté de ses réflexions, La Chalotais s'est montré un profond éducateur dans les *Comptes rendus,* et son réquisitoire annonce, par ses critiques, l'œuvre qu'il devait donner plus tard, et dont ce réquisitoire était la première occasion.

I

D'abord, quand il fait appel au jugement du Public qui ne peut pas se tromper, à la raison, au bon sens[1] qu'il oppose à l'autorité despotique d'un seul homme[2], La Chalotais s'élève à un grand principe d'éducation, qui était celui de son siècle ; la méthode qu'il emploie pour juger, en Magistrat, la cause qui lui est soumise, il la donne comme la véritable méthode pour l'éducation des esprits. Il prêche d'exemple. La distinction importante qu'il fait entre l'obéissance due à la loi et l'obéissance imposée par un caprice et par une volonté arbitraire, est féconde en conséquences pratiques. Il réclame en faveur de la liberté de l'esprit, du jugement, de la volonté, car le genre d'obéissance qu'exigent les Jésuites n'est pas fait pour les hommes[3] ; « la servitude des esprits est plus effrayante que celle du corps[4] ». Il a de fortes pages contre le despotisme intellectuel et moral, système qui ne laisse « aux esprits et aux consciences d'autre acti-

1. *Ibid.*, p. 132 et suiv., 136, 17, 24, 26. Cf. *Mémoires*, p. 186 : « La voix publique qui est ordinairement celle de Dieu. »
2. *Ibid.*, 102-103.
3. *Ibid.*, p. 103, 106, 107.
4. *Ibid.*, p. 131.

vité que celle d'un bâton dans la main d'un vieillard, et d'un cadavre qui est tourné et mû à volonté[1] » ; il veut, au contraire, qu'on s'habitue à l'esprit d'examen, qui est la caractéritique de la vie de l'homme[2]. L'esprit général des doctrines des Jésuites est donc absolument contraire à ce que doit être une bonne éducation, « l'éducation des citoyens dans les lettres, dans les sciences, dans les principes de la morale publique et particulière[3] ».

Ce que La Chalotais avance, il s'efforce de le démontrer.

Pour envahir l'enseignement, les Jésuites ont profité du moment, où les études publiques étaient mauvaises, où régnait dans les écoles une scolastique effrénée[4]; ils ont créé une multiplicité de petits Collèges, ont attiré des Étudiants sans nombre[5]; chaque Collège a été érigé en Université, et leurs Étudiants refusent d'aller se faire graduer dans les autres Universités[6]. Mais, dans tous ces établissements, l'éducation est mauvaise. La Chalotais reproche aux Jésuites leur esprit ultramontain, et l'application des principes de l'Inquisition. Le plan d'études

1. *Ibid.*, p. 116. La même comparaison se retrouve dans d'autres *Comptes rendus*.

2. *Ibid.*, p. 103 : « N'avoir pas la liberté de son esprit, de son jugement, de sa volonté, c'est un état de servitude qui approche de l'anéantissement. » Michel de Vatimont dit aussi, dans le *Compte rendu au Parlement de Metz*, mai 1762 : « On bannit de la Société la liberté du choix, la démangeaison de donner du neuf, qui enfante la singularité et engendre les disputes les plus vives. »

3. *Ibid.*, p. 205.

4. *Ibid.*, p. 51.

5. *Ibid.*, p. 9.

6. *Ibid.*, p. 87.

qu'ils suivent est suranné; ce n'est même un plan que de nom. Les instructions de la *Ratio studiorum* sont « un tissu de pédanteries et d'absurdités », et ne peuvent donner lieu qu'à une « éducation pédantesque et monastique ».

Leur méthode date du XVIe siècle; elle est remplie de préjugés anciens, immobile, figée dans ses vieilles habitudes. Comme l'avait dit l'abbé Gédoyn[1] qui avait été Jésuite pendant dix ans, les Jésuites sont des hommes de routine, ennemis de tout ce qui est nouveau, et qui indique le progrès. Bonne peut-être au moment où elle a été inaugurée, leur manière de faire n'a plus sa raison d'être. « A la renaissance des Lettres, on ne savait presque ni lire ni écrire, on crut qu'on serait très habile en apprenant la langue d'Athènes et celle de l'ancienne Rome. » Aussi n'apprit-on que les langues, et les apprit-on mal. Ces défauts proviennent, non pas des esprits, mais de la méthode qu'on leur applique; les études sont très rapides, et malgré cela, les Jésuites ne peuvent pas, avant trente-deux ans, jeter les fondements de connaissances exactes et d'une solide érudition. Aussi, quel a été le résultat? Se rappelant, sans doute, les griefs qu'exprimait, déjà en 1643, l'Université de Paris, dans ses *Apologies*[2], La

1. Abbé Gédoyn, *Discours sur l'Éducation*, dans les *Œuvres diverses*, 1754.

2. Hermant (Godefroy). *Traictez pour la défense de l'Université de Paris contre les Jésuites*. Paris, 1643: *Seconde Apologie pour l'Université de Paris*, imprimée par le mandement de Monsieur le Recteur, donné en Sorbonne le sixième octobre 1643. Contre le livre fait par les Jésuites pour réponse à la première Apologie, publié par eux dedans et dehors le Royaume et vendu chez Sonniers, à la rue Saint-

Chalotais montre que les institutions des Jésuites n'ont rien produit sous le rapport des livres scientifiques, historiques, ou littéraires, ni en fait de savants ; il y a eu, chez eux, plus de cinquante mille professeurs de philosophie, et pas un philosophe de réputation[1] !

Sans haine contre les hommes qu'il plaint et qui méritent la sollicitude, La Chalotais veut qu'on reconnaisse que les temps ont changé, que le siècle est autrement instruit qu'on ne l'était il y a deux cents ans ; partout, l'éducation que la Société donne à la jeunesse est « insuffisante et mauvaise »[2] ; elle est « vicieuse et barbare »[3]. Comme « l'État ne doit pas abandonner l'éducation de la jeunesse à des hommes justement soupçonnés », il faut réformer l'éducation : telle est l'affirmation importante qui se trouve dans les conclusions du premier *Compte rendu*, et qui, pour La Chalotais, est capitale dans la question des Jésuites. Si, comme nous l'avons montré au chapitre précédent, il y a des raisons de tout ordre pour demander la dissolution de la Société, il en est surtout de pédagogiques. C'est à ces raisons que doit songer le Parlement, au moment de prendre une décision ; il doit représenter au Roi quelle est l'importance de l'enseignement, de l'éducation de la jeunesse, non pas seulement en elle-même, mais surtout pour la conduite de la vie et les

Jacques, au Compas d'or. A Paris, 1644, 3e partie, ch. IX, p. 115 : « Votre grand nombre de Jésuites et votre disette d'habiles gens ne sont pas des choses incompatibles. »

1. *Comptes rendus*, p. 122-126. D'Alembert (*Destruction des Jésuites*) est d'une opinion toute contraire.

2. *Ibid.*, p. 161.

3. *Ibid.*, p. 167.

mœurs publiques ; n'est-il pas important, pour une nation, que les sources de la morale soient pures? or, les doctrines des Jésuites sont dangereuses, à ce point de vue. Et, dans une invocation au Roi, La Chalotais lui demande de réformer l'éducation, non pas seulement dans les Collèges de la Société, mais dans tous les Collèges ; s'il tient au bonheur de son peuple, il doit se préoccuper de l'arracher à l'ignorance ; la science est la source du bonheur. Il faut aussi que ceux qui instruisent la Nation soient pénétrés des maximes de l'État et non de principes différents des siens. Enfin, pour la réforme qui doit être faite, on doit songer aux hommes éminents des Universités et des Académies ; qu'on leur demande des plans d'éducation, qu'ils composent des livres élémentaires ; le Roi doit en protéger l'édition[1].

Telles sont les conclusions que La Chalotais déposa sur le bureau du Parlement le 7 décembre 1761. Le Parlement rendit un arrêt qui était conforme à ces conclusions. Il interdit aux Jésuites l'enseignement à partir du 2 août suivant dans tous les établissements du ressort de la Cour, qui devront être vidés, et enfin ordonne que, dans le délai de trois mois, les Maires et Échevins des villes, les Officiers des Sénéchaussées et Sièges royaux, les membres de l'Université envoient au Procureur Général, et séparément, des Mémoires en vue de la nouvelle organisation de l'éducation.

Quand, au mois de mai 1762, La Chalotais prit de

1. *Ibid.*, p. 165, 167, 168, 173.

nouveau la parole, il ne revint pas longuement sur la question pédagogique; il se contenta de rappeler de quelle façon violente les Jésuites se sont parfois introduits dans les Collèges[1]; mais, voulant montrer que, pour lui ce qui est essentiel dans cette affaire, c'est l'éducation, il dit que le plus grand abus dont les Jésuites se soient rendus coupables, c'est de « corrompre les sources de l'instruction publique »[2]; il renouvelle, avec des expressions analogues, les critiques qu'il a déjà formulées[3]; et il croit bon que les Magistrats acquièrent une certaine autorité en ce qui concerne l'éducation. « C'est un objet, dit-il, que je ne cesserai point de recommander à votre vigilance »[4]. Selon lui, l'action des Magistrats donnera à l'enseignement son véritable caractère ; il ne sera plus abandonné aux fantaisies d'éducateurs étrangers, il sera « National »[5]; on ne se heurtera plus à l'obstacle d'une réglementation étrangère, quand on voudra introduire des changements ; on sera maître chez soi ; et La Chalotais prévoit le moment où la Cour organisera les concours pour l'attribution des places de Professeur. Et, après avoir recommandé au Parlement de prendre des dispositions pour faire évacuer les Collèges et assurer la subsistance des Jésuites âgés de plus de trente-trois ans, La Chalotais demandait aussi qu'on représentât au Roi quelle

1. *Ibid.*, p. 209.
2. *Ibid.*, p. 241.
3. *Ibid.*, p. 205, 281, 286.
4. *Ibid.*, p. 280.
5. *Ibid.*, p. 281.

était l'importance d'une réforme et d'un nouveau plan d'éducation.

Par son arrêt du 27 mai 1762, la Cour adopta les conclusions du Procureur Général; mais pas plus d'ailleurs que celui du 23 décembre 1761, cet arrêt ne fait mention du recours qu'on pourrait avoir au Roi pour réformer les Collèges et dresser un nouveau plan d'éducation. Était-ce un échec pour les idées de La Chalotais, dont le Parlement aurait repoussé une conclusion? Nous ne le pensons pas. Bachaumont remarque l'oubli fait par le Parlement, et semble le considérer comme une faute[1]; mais le Parlement avait lui-même fait acte d'autorité, en demandant des Mémoires sur l'éducation aux villes et aux Universités.

L'initiative du Parlement de Rennes fut imitée par les autres Cours, qui eurent les mêmes préoccupations pédagogiques, et voyaient ainsi s'accroître leur influence dans le pays.

Déjà le Parlement de Paris avait, par son arrêt du

1. Bachaumont, *Mémoires*, 7 juillet 1762 (t. I, p. 102): « Il (La Chalotais) conclut toujours à supplier le roi d'ordonner qu'on travaille à un nouveau plan d'Éducation. Le Parlement n'a point adopté cette partie de ses Conclusions: il est fâcheux qu'on ne saisisse pas le moment de détruire le fanatisme dans son berceau, en substituant aux préjugés, aux erreurs de toute espèce, dont on *imboit* la jeunesse, un code de vérités lumineuses, qui puissent la guider dans tous les temps de la vie. » Déjà le 24 février (t. I, p. 50), Bachaumont avait écrit: « Il propose de faire un nouveau plan d'études... Il est certain que ce moment-ci est une crise heureuse dans les Lettres, dont il faudrait profiter pour chasser enfin l'ignorance et la superstition de leurs derniers repaires, pour substituer l'esprit philosophique à l'esprit pédantesque qui règne encore dans les collèges, et pour apprendre à la jeunesse des choses qu'elle doive et puisse retenir. »

6 août 1761, ordonné aux administrations de pourvoir à l'éducation de la jeunesse, de déposer des projets, des Mémoires; le 27 février 1762, il avait qualifié de pernicieux l'enseignement des Jésuites, à cause de l'uniformité de sentiments et d'opinions qu'il y a dans cette Société. Les *Comptes rendus* de La Chalotais durent produire une certaine impression sur lui, car, suivant le mot de Bachaumont[1], il est pénétré, comme lui, de la nécessité de réformer les études; et le 3 septembre, il enjoint de nouveau aux Universités de donner des Mémoires; il manifeste son intention d'établir une affiliation entre tous les Collèges pour qu'il en résulte un plan uniforme d'éducation.

Les partisans des Jésuites disent, pour leur défense, que les perdre, ce serait perdre la religion et aussi l'éducation. L'Assemblée des évêques avait même affirmé, sous ce rapport, la supériorité des Jésuites vis-à-vis des autres ordres religieux[2]. Cette opinion avait été, par avance, réfutée, dans un ouvrage anonyme, paru en 1759, et qu'on donnait, par artifice, comme la traduction d'un ouvrage polonais[3]. Malgré cela, le Procureur Général au Parlement de Toulouse en montre encore la

1. Bachaumont, *Mémoires*, 13 septembre 1762 (t. I, p. 126).

2. *Collection des procès-verbaux du Clergé*, t. VIII, p. 337 : « Les religieux des autres ordres qui ne sont pas destinés par état et par leurs vœux à cette espèce de travail, ne sont accoutumés ni à la méthode, ni à l'assujettissement de l'instruction. Distraits essentiellement par les observances de leur ordre, ils ne peuvent donner à l'éducation de la jeunesse une attention suivie. »

3. *Discours aux grands de Pologne sur la nécessité de bannir les Jésuites hors du Royaume, avec des Pièces relatives au même sujet, et des Notes qui confirment et éclaircissent les Faits*, 1759, p. 49, 64. De Thou avait donné un extrait de cet ouvrage en 1607.

fausseté ; car, des Collèges des Jésuites, dit-il, « on ne rapportait nulle idée des vrais principes qui forment le citoyen et le chrétien[1] ». Ripert de Monclar parle dans les mêmes termes, et prononce le mot d'enseignement national qu'il oppose à l'enseignement des étrangers[2]. Le Parlement de Besançon estime qu'il est de son devoir de songer à l'éducation de la jeunesse[3]; le Parlement de Navarre, le Parlement de Dijon, le Conseil souverain du Roussillon ordonnent aux Maires, aux Echevins, aux Officiers des Bailliages, aux Universités de remettre aux Procureurs Généraux des Mémoires relatifs à l'éducation et à l'organisation des Collèges[4].

Les Jésuites ne pardonnaient pas à La Chalotais de leur faire ravir ainsi ce à quoi ils tenaient le plus : leurs Collèges. Aussi le Procureur Général eut-il à subir de nombreuses attaques.

Dès l'apparition des *Comptes rendus*, le libelle, dont nous avons déjà parlé, l'*Appel à la Raison*, prenait La Chalotais à partie sur les critiques qu'il formulait vis-à-vis de l'enseignement des Jésuites. On l'accuse d'être un théoricien de cabinet, de ne pas voir les réalités pra-

1. *Plaidoyer du Procureur Général de Toulouse sur l'appel comme d'abus*, 8-17 février 1763.

2. *Comptes rendus*, 5-30 juin et 2-7 octobre 1762 : « Avec les Jésuites, l'éducation de la jeunesse n'est plus sous l'inspection de l'État ; elle est sous la direction d'un général, d'un religieux ultramontain, d'un monarque étranger. On a osé publier que cela était nécessaire pour maintenir l'ordre dans le royaume... Quoi ! il faudra qu'un étranger préside à l'éducation de nos enfants pour les rendre vrais Français, et la nation perdra ses principes si elle est abandonnée à l'enseignement national ? C'est outrager à la fois le gouvernement, la magistrature, l'Université et ses lois. O délire du fanatisme, ô opprobre de la raison, ô douleur pour la magistrature ! »

3. *Comptes rendus*, 18 août 1762.

4. 28 avril 1763, 11 juillet 1763, 12 juin 1762.

tiques[1]; on l'appelle « Dictateur littéraire manquant de goût et de discernement », voulant s'ériger en « Prévot du Parnasse[2] ». Si le Magistrat a le projet de faire ôter l'enseignement aux Jésuites, afin qu'il en résulte le progrès des lettres et celui de la fidélité des lettrés, ce double motif paraît être à l'auteur de l'*Appel* moins le fruit de la réflexion que de l'imagination[3]; et, si l'on traite de vicieuse et de barbare l'éducation des Jésuites, c'est par pure calomnie; l'auteur en appelle au témoignage de F. Bacon. Il n'a pas confiance dans les nouveaux systèmes d'éducation « enfants d'une spéculation oisive », impraticables, et qui ne sauraient convenir à la multitude. Jugeant défavorablement les Collèges de l'Université, il prétend que la concurrence est bonne, qu'il faut la variété des écoles dans un royaume; il cite même, à ce sujet, l'opinion du Cardinal de Richelieu[4]. Enfin, l'auteur use d'un procédé qui est toujours en usage, quand on critique un projet sérieux de réorganisation; on soulève des difficultés pratiques que n'aurait pas prévues le réformateur; et l'on pense ainsi faire abandonner le projet, si tentant qu'il soit. Comment remplacera-t-on les Jésuites? Il faudra mille sujets; où les trouver? Comme on ne peut pas compter sur les ordres religieux, dont on ne veut pas d'ailleurs, il faudra se rabattre sur les Universités; et encore les Maîtres qui sont à Paris

1. *Appel à la Raison*, p. 164.
2. *Ibid.*, p. 175, 178.
3. *Ibid.*, p. 149 et suiv.
4. *Ibid.*, p. 153. Cf. Richelieu, *Testament politique*, 1re partie, ch. II, section 10: « Les Universités et les Jésuites doivent enseigner à l'envi, afin que l'émulation aiguise leur vertu » (cité dans l'*Appel*, p. 158).

voudront-ils aller se confiner en Auvergne, ou dans les Pyrénées ? Où trouvera-t-on les fonds nécessaires? La pénurie des ressources forcera à réduire singulièrement le nombre des Régents [1].

Ces problèmes, que les amis de Jésuites représentaient comme des objections irréfutables, devaient être résolus par les Parlements eux-mêmes, et par la consultation qu'ils avaient établie autour d'eux. Nous verrons plus tard quelles réponses leur furent faites, et comment tout ce qu'il y avait de lettré dans le pays s'en préoccupa.

Mais les projets de La Chalotais furent aussi attaqués sur le terrain politique. Les cabales étaient nombreuses dans la Province ; et, au moment où allaient se réunir les États de Bretagne, en octobre 1762, les Jésuites mettaient tout en œuvre pour engager les États à s'opposer aux arrêts du Parlement [2]; ils y avaient, en effet, de nombreux partisans; beaucoup de nobles avaient été élevés dans leurs maisons, et voulaient faire élever leurs enfants dans les mêmes Collèges. Ce fut une question d'adjudication qui mit les adversaires aux prises. Comme l'adjudicataire de l'impôt et billot de Bretagne devait payer dix mille livres aux Jésuites des Collèges de La Flèche et de Rennes, la question se posa de savoir à qui on les paierait, puisque les Jésuites étaient expulsés. Ce fut l'occasion pour un membre de la Noblesse, M. de Coëtsaucourt de faire un éloge des Jésuites, de critiquer

1. *Ibid.*, p. 159.
2. Ducrest de Villeneuve et D. Maillet, *Histoire de Rennes*, p. 374.

les nouveaux Maîtres qui devaient les remplacer; aidé de MM. de La Garlaye et de Pontual, il proposa même de faire demander au Roi de remettre les Jésuites en possession de leurs Collèges dans la Province. Il y eut de violentes discussions; le duc d'Aiguillon, gouverneur de la Province, parvint à rétablir le calme, et l'on convint que rien de ce qui s'était passé ne serait mis sur le registre[1]. Malgré cela, La Chalotais s'apercevait que l'œuvre qu'il avait accomplie serait compromise, si de pareilles scènes se renouvelaient, si, dans d'autres Provinces, les États discutaient les arrêts des Parlements, alors que tous étaient disposés à réorganiser l'enseignement. En Bretagne, il sentait même dans le duc d'Aiguillon un adversaire aux projets du Parlement[2]; aussi fit-il part au Parlement de tout ce qui se passait; le 27 novembre 1762, après un violent réquisitoire contre les Jésuites, il l'adjura de se défendre, et fit rendre un arrêt pour prévenir le retour de pareils abus, empêcher de porter atteinte à l'autorité des Magistrats et de la chose jugée; défense fut faite à toute personne de proposer le rétablissement des Jésuites[3].

1. Voir Marion, *op. cit.*, p. 181-197. M. Marion insinue que La Chalotais fit, autour de cette affaire, plus de bruit qu'elle ne méritait. Nous pensons, au contraire, qu'elle était l'indice d'un état d'esprit dont La Chalotais avait raison de se préoccuper.

2. Voir, dans les *Mémoires*, des pages très curieuses (p. 31-34). La Chalotais eut peur « de la guerre civile », et quand il fit des représentations au duc d'Aiguillon, celui-ci les jugea « absurdes »; aussi écrivit-il à Choiseul qui trouva ses craintes bien fondées; peut-être, avoue-t-il, eut-il trop de peur, et M. d'Aiguillon n'en a pas eu assez.

3. Archives d'Ille-et-Vilaine, Registres secrets du Parlement, audience du 27 novembre 1762.

II

Malgré ces attaques, La Chalotais et le Parlement sentaient que l'opinion était avec eux pour apprécier l'éducation donnée par les Jésuites, comme pour juger leur conduite extérieure au point de vue civil et politique. Quand, dans son premier *Compte rendu*, La Chalotais critique l'éducation des Jésuites, qu'il trouve vicieuse et barbare, il ajoute : « Tous les gens sensés et instruits en conviennent[1] » ; c'était aussi à ce témoignage que faisait appel le Procureur Général du Parlement de Toulouse, quelques mois plus tard[2].

Les critiques des Parlementaires sont justifiées, si l'on se rappelle ce que le public pensait des Collèges des Jésuites.

Depuis 1540, que l'Ordre avait été fondé, les Jésuites avaient acquis une grande situation pédagogique[3]. Leur objectif avait toujours été l'éducation de la jeunesse ; malgré l'opposition de l'Université[4], grâce à leurs ma-

1. *Comptes rendus...*, p. 167.

2. *Plaidoyer...*, 8-17 février 1763 : « Si l'on écoute le cri général des gens de lettres depuis plus de cinquante ans, on verra si l'enseignement des Jésuites est si fort à regretter. »

3. Voir, pour l'historique de l'enseignement des Jésuites (il n'entre pas dans notre sujet d'en traiter en détail) : Crevier, *Histoire de l'Université de Paris depuis son origine jusqu'en 1600*. Paris, Desaint, 1761, 7 vol. in-12 ; Dubarle, *Histoire de l'Université de Paris depuis son origine jusqu'à nos jours*. Paris, Brière, 1829, 2 vol. in-8.

4. Voir le *Compte rendu au Parlement de Metz*, p. 79, 118 ; *Compte rendu au Parlement de Toulouse, de Bordeaux, de Dijon* ; Rolland, *Compte rendu*, dans le *Recueil*, p. 6. Hermant (Godefroy), *Traictez pour la défense... Seconde Apologie*, passim.

nœuvres adroites que ne parvint même pas à déjouer Étienne Pasquier, chassés de France, ils obtinrent d'Henri IV, l'édit de 1603 qui les autorisait à ouvrir des Collèges. Dès lors, ils pénétrèrent partout, comblés de faveurs par Louis XIV. Bien qu'ils fussent considérés comme « plus propres à détruire qu'à édifier »[1], et traités de « trompettes de la sédition »[2], leur influence grandissait, et l'Université se plaignait que partout, ils lui « bouchaient les avenues »[3]. Vers 1760, ils avaient en France plus de cent cinquante maisons occupées par trois mille d'entre eux, dont plus de dix-huit cents étaient prêtres[4]. Ils reconnaissaient eux-mêmes avoir élevé plus de deux millions de Français depuis que la Société avait des Collèges dans le royaume[5]; et en quelques années, plus de deux cent mille Écoliers y avaient été nourris[6]; en février 1762, ils avouaient un effectif dépassant cent mille élèves[7]. A Paris, ils possédaient le Collège de Clermont[8]; Barbier dit qu'il y avait là cinq cents pensionnaires, et signale la difficulté qu'il y avait pour y être admis, vu l'affluence des élèves[9]. En Bretagne, sous les yeux de La Chalotais, ils avaient

1. *L'Inutilité des Jésuites*, etc.
2. *Les Jésuites criminels*, etc., p. 161.
3. *Seconde Apologie pour l'Université*, 2e p., ch. v, p. 33.
4. *Nouvelles ecclésiastiques*, 27 mars 1762.
5. *Appel à la Raison*, p. 151.
6. *Très humble remontrance des P.P. Jésuites à la France*, dans une brochure intitulée : *Les Jésuites convaincus par leurs propres ouvrages d'être toujours les mêmes*. A Rome, 1761.
7. *Supplique que les Jésuites adressent au Roi*, février 1762. Cf. *Journal Encyclopédique*, mars 1762.
8. « Cette grande citadelle plutôt que Collège. »
9. Barbier, *Chronique...*, août 1729 (t. II, p. 75) : « Il faut retenir une chambre un an auparavant. »

fondé des Collèges à Rennes en 1603, à Quimper en 1620, à Vannes en 1630, un Séminaire royal à Brest en 1685. A Rennes, la Communauté de ville dépensa, pour leur installation, des sommes immenses, et leur Collège a compté jusqu'à quatre mille élèves[1].

Fiers de cette situation longuement acquise, les Jésuites se croyaient hors de toute atteinte. Mais leurs succès étaient plus apparents que réels ; sans attendre les réquisitoires de La Chalotais et des Parlementaires, ses émules, leur système pédagogique avait subi de nombreuses critiques. Ceux même qui avaient étudié dans leurs maisons s'étaient parfois unis à leurs ennemis. On savait que Descartes avait opposé l'éducation que lui avait donnée la vie à celle qu'il avait reçue au Collège de La Flèche. La plupart des écrits qui paraissent vers 1762 contre l'éducation des Jésuites s'inspirent d'Antoine Arnauld, et de ses fameux *Discours* de 1594[2]. La Chalotais cite, pour appuyer ses critiques, des noms tels que ceux de Melchior Camus, évêque des Canaries, Eustache du Bellay, évêque de Paris, de Thou, le Président de Harlay ; et, à cette époque, le public était entièrement d'accord avec lui, et approuvait les critiques, un peu brèves peut-être, qu'il avait présentées contre l'éducation des Jésuites.

Signalons simplement, pour mémoire, l'opinion indé-

1. Ogée, *Dictionnaire historique et géographique de la province de Bretagne*, 1778, 4 vol., art. Rennes, t. IV, p. 83.

2. En 1762, on trouva opportun de rééditer l'écrit épuisé d'Arnauld, et adressé à Henri IV : *Le franc et véritable Discours au Roi sur le rétablissement qui est demandé pour les Jésuites* (voir *Nouvelles ecclésiastiques*, 12 juin 1762).

cise que donna à ce sujet, Voltaire. Lui qui avait fait des *Comptes rendus*, les grands éloges que l'on sait, et qui disait n'avoir appris, dans les Collèges des Jésuites, que du latin et des sottises[1], trouvait moyen de louer le roi de Prusse d'avoir vu en eux des hommes capables d'élever la jeunesse[2]; et dans une facétie, il juge que leur concurrence avec l'Université serait une raison pour leur permettre d'enseigner, car « l'émulation est une belle chose »[3]. Voltaire se montre plus fuyant que jamais ; et il change d'opinion suivant son humeur.

Pour être renseigné sur l'état de l'opinion publique au moment même où parlait La Chalotais, il faut lire les *Comptes rendus* que firent les commissaires au Parlement de Paris sur les établissements occupés par les Jésuites. Ces *Comptes rendus* faits pour la plupart, par le Président Rolland d'Érceville, de Laverdy, Terray, Roussel de la Tour, sont les résumés des Mémoires que les Officiers royaux ou municipaux, les Sénéchaussées envoyèrent sur sa demande, au Parlement, pour le renseigner sur l'état des Collèges évacués. Ces Mémoires qui, le plus souvent, faisaient l'historique du Collège local, signalaient surtout les défectuosités de l'enseignement que les Jésuites y avaient donné, et exprimaient des vœux. On peut les considérer comme des « cahiers

1. Voltaire, *Dictionnaire Philosophique*, art. JÉSUITES.
2. Id. *Précis du Siècle de Louis XV*, ch. XXXVIII.
3. Id., *La Balance égale* (Facéties). Cf. Bachaumont, *Mémoires*, 10 mars 1762 (t. I, p. 54) : « Une plaisanterie... assaisonnée des sarcasmes qu'il sait si bien manier » ; et Michelet, *Histoire de France*, t. XVII, p. 74. Paris, 1874 : « Il avait de l'amitié pour ses maîtres les Jésuites, et les regardait aussi comme le meilleur dissolvant du Christianisme. »

pédagogiques » au moment de la Révolution qui s'accomplissait. Ces *Comptes rendus* sur les Collèges reflètent l'opinion exacte de la masse du pays ; ils sont comme la voix de la Nation. Au milieu de détails qui paraissent insignifiants, à celui qui considère les choses de très loin, se trouvent des aperçus de grande portée qui confirment ce que La Chalotais disait à Rennes, en décembre 1761 et en mai 1762[1].

D'abord, on se plaint de la mauvaise administration des Collèges[2], de la diminution de l'effectif scolaire, depuis l'arrivée des Jésuites[3], qui donnaient, sur leurs revenus, des comptes inexacts, et dissimulaient des propriétés qu'ils avaient[4] ; aussi, certaines villes qui avaient d'abord demandé la conservation des Jésuites, revinrent-elles sur leurs décisions[5].

Non contents de s'arroger toutes sortes de privilèges[6],

1. *Comptes rendus aux Chambres assemblées par Messieurs les Commissaires des différents établissements des ci-devant soi-disans Jésuites.* Paris, Simon, 1762, 4 vol. — *Les Comptes rendus* de Rolland sont insérés dans le *Recueil de plusieurs ouvrages de M. le Président Rolland,* paru en 1783. Rolland travailla beaucoup ses *Comptes rendus* des divers Collèges ; il les relit, remania plusieurs fois. Nous avons en notre possession un exemplaire — malheureusement incomplet — de son *Recueil* ; c'est un exemplaire composé avec des épreuves, et interfolié. Les pages intercalées sont couvertes de notes, de renvois de la main de Rolland qui complétait, sans doute, son *Compte rendu,* à mesure que de nouveaux renseignements lui parvenaient.

2. Rolland, *Compte rendu du Collège que les Jésuites occupaient à Auxerre,* 23 août 1763 (*Recueil,* p. 394).

3. *Compte rendu des Collèges que les Jésuites occupaient à Poitiers,* 7 juin 1764 (*Recueil,* p. 655) ; *à Moulins,* 19 mars 1763 (*Recueil,* p. 565).

4. Le Meur, *Mémoire du Bureau servant de la Communauté de Rennes sur le nouveau Plan d'éducation demandé par arrêt de la Cour du 23 décembre 1761.* Rennes, G. Vatar, 1762, première partie.

5. *Compte rendu du Collège que les Jésuites occupaient à Mauriac,* 5 septembre 1763 (*Recueil...,* p. 554 et suiv.).

6. *Nouvelles ecclésiastiques,* 23 octobre 1761.

les Jésuites ne voulaient reconnaître aucune supériorité, aucune hiérarchie ; ils reçoivent mal le Recteur dont ils méconnaissent la juridiction, lui font des affronts dans des cérémonies, le jouant même sur leur théâtre. Ils cherchent aussi à se soustraire à l'inspection et à la police de la Sénéchaussée[1]. Ils veulent faire des docteurs sans l'être eux-mêmes, et font un énorme trafic de lettres de Maîtres ès arts[2]. Leur cupidité qu'ils savaient déguiser par un apparent désintéressement[3] leur fait employer des procédés déloyaux pour retenir des élèves[4], et ils n'observent même pas leurs engagements, ou les contrats qui les lient[5].

Pour ce qui regarde les études, on se plaint des mau vais traitements que reçoivent les élèves, du relâchement des mœurs et de la discipline[6], des occupations

1. *Compte rendu des Collèges que les Jésuites occupaient à Poitiers*, 7 juin 1764 ; *à Bourges*, 7 juin 1764 ; *à Clermont-Ferrand*, 15 juillet 1763 (*Recueil...*, p. 598, 449, 515). Cf. *Nouvelles ecclésiastiques*, 23 juillet 1760.

2. *Compte rendu du Collège que les Jésuites occupaient à Bourges* (*Recueil*, p. 452) ; en 1754, ce trafic occasionna les plaintes de M. le Chancelier de Lamoignon ; et en 1761, il y eut, à ce sujet, une procédure criminelle faite par ordre du Procureur Général, sur la dénonciation de l'Université de Caen.

3. Les Jésuites se vantaient d'enseigner gratuitement ; et à ce sujet, on les avait, depuis longtemps, comparés au pêcheur qui risque un petit poisson pour en prendre un gros (Étienne Pasquier, *Plaidoyer pour l'Université contre les Jésuites*, 1565 ; et Hermant, *Seconde Apologie*, 3e p., ch. XI, p. 133).

4. Par exemple, au Collège de Laon, pour retenir un élève qui voulait aller à celui de Soissons, on fait faire en classe un thème qui était un éloge de la ville de Laon, et un dénigrement de Soissons (*Nouvelles ecclésiastiques*, 3 juillet 1761).

5. Par exemple, vis-à-vis des Consuls, à Aix (*Nouvelles ecclésiastiques*, 7 mai 1760) ; le Président de Harlay leur avait légué sa bibliothèque, à la charge de la rendre publique ; les Jésuites ne le firent pas (Bachaumont, *Mémoires*, 29 juillet 1763, t. I, p. 258).

6. Voir d'Argenson, *Journal et Mémoires*, 25 février 1753 (t. VII, p.

frivoles des jeunes gens livrés à eux-mêmes, et animés d'un esprit de cabale [1], des distractions grotesques qu'on leur permet. On déplore les opinions singulières que les Jésuites professent en fait de morale et de dévotion [2]; on leur reproche de négliger totalement l'étude de l'Ancien et du Nouveau Testament; on fut même obligé de les dénoncer à la Faculté de théologie [3]; enfin ils qualifient de prohibés des livres qui ne le sont nullement, et ont en abondance les ouvrages de Busenbaum [4]. Les livres dont ils se servent corrompent le cœur de la jeunesse; et le temps se passe à lire quelques auteurs latins, mais on ne connaît aucun auteur français [5]. Des sujets de devoir sont parfois des questions bouffonnes et scandaleuses [6].

Enfin, on blâmait fortement leur manière habituelle d'organiser le service des Professeurs. Ils essayaient la valeur de leurs Maîtres aux dépens des élèves et des familles; on les envoyait à tout hasard enseigner aux

415), *Nouvelles ecclésiastiques*, 31 juillet, 14 novembre 1760, 16 janvier 1762.

1. De Laverdy, *Comptes rendus sur les Collèges de Paris*, t. II, p. 8; *Nouvelles ecclésiastiques*, 2 juillet, 31 décembre 1760.

2. Rolland, *Compte rendu du Collège que les Jésuites occupaient à Pontoise*, 11 mai 1763 (*Recueil*, p. 741); *à Orléans*, 27 août 1763 (*Recueil*, p. 572).

3. Rolland, *Compte rendu des Collèges que les Jésuites occupaient à Poitiers* (*Recueil*, p. 612 et 693); cf. *Compte rendu* de Ripert de Monclar.

4. Rolland, *Compte rendu du Collège que les Jésuites possédaient à Orléans*, 27 août 1763 (*Recueil*, p. 578); *à Billom* (*Recueil*, p. 408); *à Roanne* (*Recueil*, p. 715), où les livres de Port-Royal sont confondus avec Pétrone, Ovide, Rabelais.

5. Rolland, *Compte rendu du Collège que les Jésuites occupaient à Auxerre* (*Recueil*, p. 428, 394). Même plainte dans le *Plaidoyer du Procureur Général de Toulouse*, déjà cité.

6. Rolland, *Compte rendu du Collège que les Jésuites occupaient à Bourges* (*Recueil*, p. 449).

autres ce qu'ils ne savaient pas eux-mêmes, car on confiait des chaires à des jeunes gens à peine sortis du noviciat ; et on les faisait passer d'une classe dans l'autre avant d'avoir pu se former; on ne leur donnait aucune stabilité[1]. Et, même ceux qui étaient parfois enclins à les approuver ou à les excuser, les blâmaient de la facilité avec laquelle ils abandonnaient les vieux Professeurs, devenus inutiles[2]. Au désordre des Collèges, ils joignaient l'ingratitude envers leurs propres serviteurs. Grave accusation à une époque où l'on commençait à songer à la bienfaisance et à la philanthropie.

C'est certainement à toutes ces accusations, courantes dans le public de l'époque, que La Chalotais faisait allusion dans ses *Comptes rendus*; s'il insiste peu, c'est sans doute parce que c'étaient des faits de notoriété publique. Il n'empêche que les arrêts des Parlements furent un événement « des plus mémorables », comme dit Grimm[3]; et, parlant de la fermeture des Collèges à Paris, qui s'est effectuée malgré le Roi, malgré les intrigues du Dauphin, il ajoute : « Cette révolution, si elle s'achève, en amènera bien d'autres »; et le jour même de la fermeture des Collèges, un témoin s'écrie : « Voilà

1. Rolland, *Compte rendu du Collège que les Jésuites occupaient à Auxerre* (*Recueil*, p. 394) : *à Roanne* (*Recueil*, p. 717) ; *à Blois*, 29 avril 1763 (*Recueil*, p. 428). Cf. *Nouvelles ecclésiastiques*, 3 juillet 1761 ; *L'Inutilité des Jésuites*, p. 50-52 et suiv.

2. Marmontel, *Mémoires*, livre I : « C'est un vice odieux dans le régime et les mœurs des Jésuites, que cet abandon des vieillards ! L'homme le plus laborieux, le plus longtemps utile, dès qu'il cessait de l'être, était mis au rebut... »

3. *Correspondance*, 15 avril 1762 (t. V, p. 71).

une des plus fameuses époques de la République des lettres »[1].

III

Il s'agissait de remplacer les Jésuites, et il était naturel de penser aux Universités qui deviendraient ainsi maîtresses de tous les Collèges[2]. Mais, avant même que tous les Parlements aient rendu leurs arrêts définitifs, on formulait des critiques sur l'enseignement des Universités; les adversaires des Jésuites semblent prévoir ce qui va se passer, et craignent le remède qui sera apporté au mal[3]. D'ailleurs, La Chalotais ne s'était pas borné, en terminant ses *Comptes rendus*, à demander la réforme des Collèges des Jésuites. Il demandait au Roi la réforme de l'éducation de la jeunesse dans *tous* les Collèges du royaume, le renouvellement des sciences, qui « comptera à partir du règne de Louis XV[4] » ; et la Cour, dans son

1. Bachaumont, *Mémoires*, 1er avril 1762 (t. I, p. 62). Cf. *Nouvelles ecclésiastiques*, 15 mai 1762 : « Les Parlements, animés du même zèle, se réunissent pour arracher, autant qu'il est en eux, l'ivraie semée dans le champ des Pères de famille, et dévoiler aux yeux de toute l'Europe les sentiments pernicieux, les opinions perverses de ces hommes anti-chrétiens, à qui l'enseignement public n'a été que trop longtemps confié. »

2. *L'Inutilité des Jésuites*, Discours préliminaire : *Journal Encyclopédique*, janvier 1762 ; Combalusier, *Mémoire de l'Université sur les moyens de pourvoir à l'instruction de la jeunesse et de la perfectionner*. Paris, 1762, in-12.

3. Grimm (*Correspondance*, 1er mai 1762 ; t. V, p. 79) pense qu'il faudrait tracer un plan d'éducation « plus sage, plus raisonné, moins gothique » ; il dit : « Tout le monde se plaint de l'insuffisance et des abus de l'éducation des Collèges. » Cf. *L'Inutilité des Jésuites*, p. 63 : « L'instruction superficielle, confuse et ridicule. »

4. *Comptes rendus*, p. 167, 169, 173, 280, 286.

arrêt, l'approuvait. Il est certain qu'ayant à rendre compte de ce qui se passait dans les Collèges des Jésuites, il avait regardé ce qu'on faisait dans les Collèges voisins; des comparaisons s'étaient imposées à lui; et en toute impartialité, il avait conclu que les Collèges de l'Université ne valaient pas mieux que ceux des Jésuites qui étaient suspectés. Cependant il ne formule pas de critiques expresses et détaillées dans les *Comptes rendus*; il n'avait pas à le faire, puisqu'il s'agissait des Jésuites exclusivement; mais il pensait qu'on devait profiter du moment pour renouveler les méthodes d'éducation dans tout le royaume.

Il était, en cela, d'accord avec ses contemporains qui durent lui donner raison, en prenant connaissance de ses projets. Si nous en croyons un témoin, ce serait dès le commencement du XVIIIe siècle que l'on se serait plaint de l'enseignement des Collèges[1]. Mais en 1753, d'Alembert, ami de La Chalotais, avait écrit un violent réquisitoire contre l'éducation de l'époque; dans cet article qu'il déclare être écrit sans animosité, il expose simplement, ce que tout le monde pense, et ce que l'on n'ose

1. En 1731, Gaullyer, professeur au Collège du Plessis, blâme les « aventuriers de la littérature qui depuis environ vingt ans » crient contre les méthodes d'enseignement (*Méthode pour commencer les humanités grecques et latines*, par M. Le Fèvre de Saumur, avec des notes par Gaullyer, 1730. De 1715 à 1735, Lesage publia *Gil Blas*, où sous le nom du licencié Guyomar, il a peint Dagoumer, le principal du Collège d'Harcourt, « le plus terrible argumentateur de l'Université, et qui donnait le ton aux écoles » (Duclos, *Œuvres complètes*. Paris, 1806, dix volumes; *Mémoires*, t. X, p. 33). On se rappelle aussi les anathèmes dont un personnage de *Gil Blas* charge le rudiment et le latin. Cf. Abbé Sicard, *La question de la réforme de l'enseignement secondaire au XVIIIe siècle et de nos jours*; *Le Correspondant*, 10, 25 septembre, 10 octobre, 10 décembre 1882, 10, 25 septembre 1883.

pas dire; il souhaite que l'on secoue le joug des préjugés, pour ne pas faire perdre à la jeunesse un temps précieux[1]. Trois ans plus tard, un autre rédacteur de l'*Encyclopédie*, M. Faiguet, renouvelle les mêmes critiques, et rappelle aux Académies qu'il est de leur ressort de perfectionner l'éducation[2]. Un ami de La Chalotais, Breton comme lui, Duclos[3], était aussi très sévère pour les études de son temps, asservies à la routine, au « jargon de l'école », où l'on ne se préoccupe pas des « connaissances applicables aux différentes destinations des élèves[4] ». En 1758, Helvétius trouve « folle » l'éducation que l'on donne, et désespère même qu'on puisse appliquer une réforme[5]. Enfin Jean-Jacques Rousseau qui, dans son *Discours sur les sciences et les arts*, avait déjà été dur pour les études de son temps[6] vient

1. *Encyclopédie*, article COLLÈGE, 1753.

2. *Ibid.*, article ÉTUDE, 1756. Cet article est suivi d'une note dans laquelle il est dit que l'auteur de l'article COLLÈGE est heureux de se rencontrer avec M. Faiguet, et de pouvoir s'appuyer sur les réflexions et l'expérience d'un homme de mérite. — Nous aurons occasion de revenir sur ces deux articles de l'*Encyclopédie*.

3. L'amitié de La Chalotais et de Duclos remontait à l'année 1725, environ. Voir Duclos, *Mémoires* (*Œuvres*, t. X, p. 53) : « Notre goût pour la littérature nous en inspira l'un pour l'autre. Toutes les fois que je me suis trouvé depuis, à Rennes, aux États, il a été ma société habituelle ; notre liaison s'est fortifiée, et sa disgrâce en a resserré les nœuds. » Duclos se trompe quand il dit qu'il a connu La Chalotais avocat général à cette époque ; il n'a été nommé qu'en 1730.

4. Duclos, *Mémoires* (t. X, p. 32-34). C'était aussi l'opinion de Condillac (*Cours d'Études*, 1755, t. XV, livre II, ch. XIV) qui se plaint de ce que, en sortant du Collège, il faut apprendre tout ce qui est nécessaire.

5. Helvétius [illegible] *l'Esprit*, Amsterdam et Leipsick, 1758, 3 vol. Discours IV, ch. XVII, t. III, p. 258 et suiv.

6. *Discours* (*Œuvres*, t. I, p. 36-37) : « C'est dès nos premières années qu'une éducation insensée orne notre esprit et corrompt notre jugement. Je vois de toutes parts des établissements immenses, où l'on élève à grands frais la jeunesse pour lui apprendre toutes cho-

de publier l'*Émile* et, tout en protestant de son estime pour les professeurs de l'Université de Paris, exécute sans phrases « ces risibles établissements qu'on appelle Collèges[1] ».

Mais, autour même de La Chalotais, il y avait d'autres influences; il y avait un courant d'opinion autrement puissant que les théories de Rousseau qui eurent une action à peu près nulle sur l'organisation véritable et pratique de l'éducation publique. C'était l'opinion même du pays; nous avons vu comment elle était opposée à l'enseignement des Jésuites; elle l'était tout autant au mode d'éducation en usage dans les autres Collèges.

De même qu'il avait chargé des commissaires de faire sur les Collèges des « ci-devant soi-disans Jésuites », l'enquête dont nous avons donné les principaux résultats, le Parlement de Paris avait tenu à être renseigné sur l'état des autres Collèges du royaume. On n'en connaissait pas le nombre exact, et ce que l'on savait de plus positif, c'est que leurs biens étaient en mauvais état, et qu'ils étaient chargés de dettes[2]. Les substituts du Procureur Général procédèrent à cet examen, et envoyèrent des Mémoires qui, comme pour les Collèges des Jésuites, furent résumés par Rolland, Terray, De

ses, excepté ses devoirs... Que faut-il donc qu'ils apprennent ? Voilà certes une belle question ! Qu'ils apprennent ce qu'ils doivent faire étant hommes, et non ce qu'ils doivent oublier. » Cf. *Lettre à M. Grimm* sur la réfutation de son discours par M. Gautier (*Ibid.*, p. 58)

1. *Émile* (*Œuvres*, t. III, p. 15 et note).
2. Voir *L'Inutilité des Jésuites*, etc., passim.

Laverdy[1]; ce dernier fit aux chambres assemblées, le 12 novembre 1763, un *Compte rendu* sur tous les Collèges de Paris, qui fut très remarqué[2]. Mais ces *Comptes rendus* portent plutôt sur la situation financière, économique des Collèges, sur l'opportunité de nouvelles créations ou de la fusion de certains établissements que sur les questions d'éducation proprement dite. Ils ne sont pas pour nous, et pour ce qui nous occupe, aussi instructifs que ceux qui avaient pour objet les Collèges des Jésuites.

C'est ailleurs que nous devons chercher la confirmation des plaintes très brèves, formulées par La Chalotais, et de la condamnation qu'il avait prononcée contre l'éducation de son temps.

D'une façon générale, quand tous les esprits constatent les progrès, les changements qui se sont produits dans les arts, dans les sciences, les découvertes qu'on a faites dans tous les domaines, on voit, avec consternation qu'on n'a pas touché à ce qui méritait le plus d'être réformé, le Plan d'Etudes, et qu'on y reste attaché « comme le musulman à sa religion[3] ». Cette dispropor-

1. *Comptes rendus aux Chambres assemblées par Messieurs les commissaires nommés par les arrêts des 6 août 1762 et 24 mars 1763, des différents Collèges du Ressort qui n'étaient pas occupés par les ci-devant soi-disans Jésuites.* Paris, Simon, 1763. Voir la lettre-circulaire du Procureur Général reproduite en tête de chaque *Compte rendu.*

2. Barbier, *Chronique,* décembre 1763 (t. VIII, p. 120) : « Ce grand ouvrage a fait beaucoup d'honneur à M. de Laverdy. » — Il y eut encore d'autres *Comptes rendus* faits notamment par Roussel de la Tour en 1765 et en 1768.

3. Le Père Navarre, *Discours qui a remporté le prix par le jugement de l'Académie des jeux floraux, sur ces paroles : Quel serait en France le Plan d'Etude le plus avantageux ?* (S. l. n. d.), p. 1. Cf. Chénier (M.-J.), *Discours sur les progrès des connaissances en Europe et de l'enseignement en France.* Paris, Didot, 1801, in-8, p. 37 : « La

tion fait juger de l'état lamentable de l'Université, du peu de lustre qu'elle a en France et en Europe [1] ; et l'on ne manque pas de faire des comparaisons avec ce qui se passe dans les communautés, qui avaient la réputation de mettre plus d'ordre dans les études [2]. Et encore, dit-on, à Paris, même avec une méthode insuffisante, les professeurs peuvent faire de bons élèves, grâce à leurs talents. Mais, dans les Collèges de certaines provinces, les Maîtres sont assujettis à leur routine ; et même s'ils reconnaissent le vide et la vanité de leur méthode, ils n'osent pas s'en écarter, de crainte de se perdre [3] ; et s'il y a beaucoup de Maîtres et de précepteurs, y en a-t-il de vraiment instruits ? [4]. Aussi, malgré les plans de réforme qui se présentent en abondance, où trouver l'homme qui se chargerait de l'éducation ? C'est un « phénomène » que les Universités ne sont pas propres à offrir [5] ; car elles n'ont rien fait pour

disproportion devint chaque jour plus étrange entre l'état des connaissances et l'état de l'enseignement public. Les collèges suivaient la marche de l'esprit général, mais comme un nain suit un géant ; chaque pas qu'ils font tous les deux accroît l'intervalle qui les sépare. »

1. Grimm, *Correspondance*, 1er mai 1762 (t. V, p. 79) : « A Paris, les noms de pédants et de professeurs de l'Université sont devenus synonymes. » On pourrait ajouter encore l'opinion de Sébastien Mercier qui écrivait une vingtaine d'années plus tard, mais qui porte le même jugement : voir *Tableau de Paris*, Hambourg et Neufchatel, 1781, 8 volumes, t. I, p. 153 : les Régents « ont une couche épaisse de pédanterie » ; leur ton est « ridicule, insupportable ».

2. Ainsi, dans l'Université, on laisse monter dans une classe l'élève faible, tandis que, dans certaines communautés, on le fait rester une seconde année dans la même classe (*Lettre à M. l'Abbé *** sur cette question : Les gens de communauté sont-ils aussi propres à l'éducation publique que les particuliers ?* 1763).

3. *Journal Encyclopédique*, décembre 1763. Cf. *Encyclopédie*, article ÉTUDE (t. VI, p. 88 b).

4. *Journal Encyclopédique*, septembre 1762.

5. *Journal Encyclopédique*, décembre 1762.

atteindre le but que tout le monde désire, tandis qu'à Lisbonne, à Vienne, à Turin on a fait des réformes et l'on s'en trouve bien. Aussi les nombreuses plaintes de personnes « qui ne craignent pas de se faire connaître », comme dit un éducateur de l'époque[1], deviennent-elles des projets de mesures radicales. « Il faut saper par les fondements un édifice irrégulier et gothique au lieu de s'occuper à en réparer les ruines[2] ».

La critique essentielle dirigée contre les Universités, celle d'où dérivent toutes les autres, porte sur le peu de rapport de l'éducation donnée avec la vie; les Universités laissent les enfants « inaptes à tous les états de la société[3] », de sorte qu'au sortir du Collège, on est obligé d'oublier tout ou partie de ce qu'on a péniblement acquis[4], et que, « à vingt ans on tombe dans le monde comme des nues[5] », parce qu'on ne possède aucune connaissance utile. Et, pour tous, ce qui est la cause de cette perte de temps et de force intellectuelle, c'est l'étude du latin. Tous les traités de l'époque regrettent l'abus que l'on en fait ; on renouvelle les critiques, déjà

1. Rivard, *Recueil de Mémoires touchant l'éducation de la jeunesse, surtout par rapport aux études*. Paris, 1763 : préface.

2. Colomb, *Plan raisonné d'éducation publique pour ce qui regarde la partie des études*. Avignon et Paris, chez Rozet, 1762.

3. Grimm, *Correspondance*, 1er mai 1762 (t. V, p. 79-80) : « Il est de fait qu'un écolier ne sort pas mieux formé des collèges de l'Université que de celui des Jésuites. »

4. V. les paroles du Procureur du Roi, à Tours, 12 août 1763 (Rolland, *Recueil...*, p. 739).

5. *L'Inutilité des Jésuites...*, p. 25-26. A cette époque, quantité de livres et de brochures ont des titres suggestifs ; ainsi *Le temps perdu ou les écoles publiques* de Maubert de Gouvest ; le *Projet d'Écoles publiques, précédé de l'Exposition des abus de notre éducation publique* (Ces deux ouvrages sont de 1765).

lointaines, de Crousaz[1] et de l'abbé Gédoyn[2], et l'on trouve inutile d'apprendre si péniblement ce que l'on se hâtera d'oublier. On constate avec regret que l'Université de Paris n'a pas encore adopté l'innovation que conseillait Rollin : enseigner le français[3]. De même, la méthode scolastique employée dans l'enseignement de la philosophie n'est plus faite pour l'époque où l'on vit ; et l'on s'entête à enseigner la philosophie cartésienne quand l'Europe se détourne d'elle[4].

Ce qui montre bien la valeur de ces appréciations, c'est que des membres des Universités éprouvent le besoin de remonter le courant, de montrer au public que les critiques ont tort ; et, sous prétexte de combattre les projets d'éducation particulière, qui, au moment de la publication de l'*Émile,* pouvaient tenter la faveur du public, ils exposent les bienfaits de leurs Collèges, affirment la valeur des Maîtres, et font prévoir les mauvais résultats des innovations qu'on sent approcher[5].

1. Crousaz, *Traité de l'Éducation des enfants,* 1722, 2 vol. in-12.

2. Gédoyn, *De l'éducation des enfants,* dans *les Œuvres diverses.* Paris, 1745.

3. *Journal Encyclopédique,* décembre 1761 ; *Lettre où l'on examine quel Plan d'Études on pourrait suivre dans les Écoles publiques.* Paris, 1762 ; Rolland, *loc. cit.,* cf. Chénier, *Discours*... Voir la curieuse page de Mercier (*Tableau de Paris,* t. I, p. 152) qui rappelle ses souvenirs de collège, remontant aux années 1755-1760 : « On s'occupe des *Décades* de Tite-Live ; et, après, il faut du temps pour redevenir citoyen de son pays », etc...

4. Voir Rolland, *Plan d'Éducation,* bien qu'il soit de 1768 ; mais Rolland y songeait dès 1763 (v. *Précis des comptes de tous les établissements relatifs à l'éducation et non desservis par les Jésuites,* dans le *Recueil*...). Cf. Chénier, *Discours*...

5. Dans son *Mémoire de l'Université de Paris sur les moyens de pourvoir à l'instruction de la jeunesse et de la perfectionner* (Paris, in-12, VIII-60 pages), Combalusier, docteur régent de la Faculté de médecine de Paris, disait, en parlant de l'Université (p. 21) : « Toutes les

Mais, malgré ces apologies intéressées[1], le système d'éducation était condamné; et l'action politique de Parlementaires, comme La Chalotais, avait consommé sa ruine; elle avait surtout obligé tous les esprits à la constater.

instructions et les exercices littéraires les plus variés portent un caractère de solidité et d'utilité »; soulevant la question de la concurrence en matière d'enseignement, et rappelant l'opinion de Richelieu, il soutient qu'aujourd'hui il penserait autrement (Cf. *Appel à la Raison*, p. 153 et suiv.). Voir sur le *Mémoire* de Combalusier les dures critiques de Grimm (*Correspondance*, 1er mai, 1er juillet 1762; t. V, p. 78 et suiv., 109 et suiv.), et Bachaumont (*Mémoires*, 2 avril 1762, t. I, p. 62). Vicaire, ancien recteur de l'Université de Paris, professeur d'éloquence au Collège royal de Navarre, prend aussi la défense des Collèges, dans son *Discours sur l'éducation* (Paris, 1763, 236 pages), est approuvé par les *Mémoires de Trévoux* (septembre 1763) et par le *Journal des savants* (octobre 1764) qui rendent compte de son livre. On sait aussi que Marmontel a entrepris une réhabilitation des Collèges (*Mémoires*, livre I).

1. « L'Université se serait honorée en avouant les imperfections de son éducation », dit Grimm (*Correspondance*, 1er mai 1762, t. V, p. 80).

CHAPITRE III

LES PROJETS DE RÉORGANISATION DES ÉTUDES

I

Nous avons dit comment l'initiative et les projets de La Chalotais avaient rencontré partout la plus vive approbation. Mais, après avoir prononcé la dissolution des Jésuites, il fallait songer à doter le pays de maisons d'éducation. A Rennes, on voit les résultats de l'activité de La Chalotais. Les membres du Parlement, les plus indifférents à leurs fonctions, se préoccupent de ce qui va se passer[1]. Aussi, après s'être enquis de l'état matériel et pécuniaire de certains Collèges, le Parlement, sur les conclusions de La Chalotais, et par son arrêt du 19 juillet 1762, fixa les vacances du Collège de Rennes au 22 courant, et l'ouverture des classes au jour Saint-Luc[2]. La Communauté de ville dut s'assembler

1. Aux audiences où doivent se discuter les questions relatives aux Collèges, les conseillers présents sont très nombreux ; aux autres audiences, on en compte à peine quelques-uns (voir les Registres secrets).

2. Registres secrets, audiences des 15, 23 juin, 17, 19 juillet 1762

avant le 17 août, pour procéder à la nomination du Principal et des Régents, nomination que le Parlement homologua le surlendemain, ainsi que celles qui furent faites pour les Collèges de Quimper et de Vannes [1]. En même temps, il fixa à douze livres la contribution de chaque élève, jusqu'au moment où l'instruction serait gratuite ; et, pour arriver à cette gratuité, on demanda au Roi l'autorisation de vendre les immeubles des Jésuites [2]. Comme Procureur Général, La Chalotais prit l'initiative de tous ces actes ; et le 19 août, il « remontre à la Cour qu'il est nécessaire de pourvoir efficacement à une bonne institution, au rétablissement des études, et à une sage administration des biens des Collèges, que, pour y parvenir, il paraît nécessaire d'établir des Bureaux composés principalement de « ceux qui forment essentiellement le corps de ville », tout en évitant « les inconvénients qui pourraient naître des assemblées trop ou trop peu nombreuses ». La Cour fait droit à ses conclusions, ordonne, par provision et sous le bon plaisir du Roi, qu'il sera institué un Bureau ; elle fixe sa composition, la périodicité de ses assemblées, et ses attributions pour la nomination et la destitution des Régents.

Les Jésuites avaient quitté leur Collège le 2 août, en cherchant à exalter les jeunes têtes, en lançant contre leurs proscripteurs, et surtout contre La Chalotais des prédictions vengeresses dont ils rendaient le ciel ga-

1. Ibid., audience du 19 août.
2. Ducrest de Villeneuve et D. Maillet, *Histoire de Rennes*, p. 373.

rant[1]. A ces menaces des prsocrits, le Parlement avait déjà répondu par de la sollicitude : le 21 juillet, sur les conclusions de La Chalotais, la Cour avait attribué des indemnités et des secours aux Jésuites ayant atteint trente-trois ans, ainsi qu'aux coadjuteurs[2] ; on dit même que La Chalotais protégea plusieurs Jésuites malheureux et fugitifs[3] ; ce qui montrerait bien, non seulement son grand cœur, mais aussi son impartialité envers des hommes qu'il plaignait, et chez lesquels il ne blâmait que les doctrines, dont ils n'étaient même pas responsables. La Chalotais l'a dit explicitement[4].

L'organisation que le Parlement avait faite au Collège de Rennes était une organisation de fortune ; et il est évident que là, comme dans tous les autres Collèges, il régnait une « espèce d'anarchie[5] ». Un changement du genre de celui qui venait de s'effectuer, ne se produit pas sans quelques secousses. Il fallait songer à autre chose. Dans tous le pays, on reconnaît l'importance de l'éducation[6], on pense que c'est le moment d'une refonte générale dans les connaissances humaines, d'une

1. Ducrest de Villeneuve et D. Maillet, *Histoire de Rennes*, p. 369.
2. Le Parlement adjugea la somme de 400 livres pour vestiaire, 200 livres de secours, et 20 sols par lieue pour que chaque Jésuite se rendît au lieu de sa naissance.
3. *Œuvres de Berryer*. Paris, 1876, 4 vol., t. I, p. 176 ; plaidoyer dans l'affaire du journal *L'Étoile*, en 1826 (p. 161-184).
4. *Comptes rendus*, p. 162.
5. Le mot est de Rolland (*Compte du Collège que les Jésuites occupaient à Bourges*, rendu originairement le 7 juin 1764. *Recueil...*, p. 429), qui constate que cette anarchie « dure encore ».
6. Arrêt du Parlement de Grenoble, 6 septembre 1764.

révolution[1], qui va terminer les abus[2]. Les mesures que l'on prend déjà, le zèle qui s'enflamme tous les jours sur cette matière permettent d'espérer les changements les plus heureux[3]. Ces réformes ne sont elles pas aussi indispensables que beaucoup d'autres auxquelles on s'intéresse[4] ? car, pour être satisfait de ce qui est, il faut être très facile et faire preuve de beaucoup d'indulgence[5]. On veut un enseignement substantiel[6] ; et quand le Parlement de Paris rend son arrêt le 3 septembre 1762, il y a « un cri général qui s'élève de toutes parts, de toutes les Provinces ; ce sont des particuliers, ce sont des Magistrats, ce sont des Corps, ce sont des Par-

1. Le Meur, *Mémoire du Bureau servant de la Communauté de Rennes...*, 3 juin 1762 : « Voici le moment d'une révolution dans les sciences... » Cf. *L'Inutilité des Jésuites démontrée aux évêques*, brochure où se trouve aussi le mot : Révolution. Rolland, *Plan d'Éducation* (*Recueil*, p. 8) « époque mémorable pour la restauration des Lettres ».

2. Paroles du Procureur de Tours, 12 août 1763 : « Nous touchons à l'époque désirée qui va mettre fin aux abus de l'éducation, pour en produire une nouvelle qui fera honneur à notre siècle » (Rolland, *Recueil*, p. 739).

3. *Journal Encyclopédique*, septembre et novembre 1762.

4. Rivard (*Recueil de Mémoires*, Préface) compare l'importance des projets d'éducation aux réformes que certains hygiénistes veulent opérer pour la santé des Parisiens, par exemple, au projet de Deparcieux pour donner à la ville des eaux de bonne qualité ; et l'auteur des *Lettres sur l'Éducation*, Paris, 1762 (cf. *Journal Encyclopédique*, novembre 1762) fait remarquer que, si le gouvernement a raison d'encourager l'agriculture, l'Éducation des jeunes citoyens est un objet plus digne encore de l'attention du Ministère.

5. Rousseau, *Lettre à M. de Beaumont*, 18 novembre 1762 (*Œuvres*, t. VI, p. 50).

6. Cf. Chénier, *Discours...*, p. 42 : « Les lumières répandues malgré les Universités rendaient un changement total indispensable. On voulait un enseignement substantiel, où la variété des connaissances vînt à la fois exercer et délasser l'esprit que des études uniformes et rebutantes fatiguaient sans l'exercer. »

lements qui le publient à haute voix, ou qui le supposent ouvertement[1] ».

La France avait sous les yeux des exemples qui renforçaient dans les esprits les idées de réformes de l'éducation.

Déjà, en 1755, l'Université d'Aberdeen avait modifié ses méthodes d'enseignement; le Principal de cette Université avait changé le plan académique de l'éducation pour « l'ajuster à la vie et à l'action ». Avant tous les autres corps savants de l'Europe, il avait secoué le joug de la scolastique[2]. Cet événement devait faire sensation en France, à une époque où tous les yeux se tournaient du côté de l'Angleterre, qui paraissait être le pays des idées nouvelles en politique ; et les voyages que de jeunes seigneurs y avaient faits avaient servi à leur montrer des contrastes très humiliants[3].

D'un autre côté, le Portugal avait vu se dérouler des événements analogues à ceux qui se passaient en France. Les Jésuites en avaient été expulsés, et ce pays songeait sérieusement à une réforme des études. Par son édit de décembre 1759, le roi de Portugal disait formellement que l'enseignement des Jésuites n'avait tendu qu'à ruiner les arts, les sciences, la monarchie et la religion ; et, tout en donnant aux nouveaux pro-

1. Rivard, *Recueil de Mémoires, IXe Mémoire*, écrit au commencement de janvier 1763, p. 159.
2. *Lettre du Dr Blackwell* du 21 janvier 1755, rapportée dans l'*Année littéraire*, 1781, p. 60 ; cf. Rolland, *Plan d'Éducation*, p. 144.
3. On recommandait l'étude de l'anglais qui était devenu à la mode ; et l'on voyait dans cette étude des avantages diplomatiques (*Encyclopédie*, article ÉTUDE, par M. Faiguet, 1756, p. 91, a.).

fesseurs, les privilèges de la noblesse, il fixait les qualités exigées d'eux, le choix des livres ; il demandait que dans les devoirs, on eût toujours en vue les choses pratiques et la conduite de la vie. Ce nouveau Plan d'Études, s'inspirant de Port-Royal, de Rollin, de Fleury, du Père Lamy, fut considéré en France comme un véritable monument, comme un chef-d'œuvre[1]. Il en fut de même des autres ouvrages, relatifs à l'éducation, que les événements de Portugal firent éclore[2].

On sentait donc un besoin urgent de réformes; mais par qui ces réformes seraient-elles faites? Même après les événements que nous avons racontés, et qui avaient résolu la question, on discutait à ce sujet. On avait pensé aux Universités et aux Académies[3]; on insinuait timidement que l'on devait faire des enquêtes auprès des Professeurs[4]; des esprits plus novateurs demandaient la création d'un *Conseil d'éducation*[5]. Mais on voyait des objections à ces différents projets[6]; et pendant que le public les discutait, les Parlements avaient

1. *Nouvelles ecclésiastiques*, 30 janvier 1760.

2. Un ouvrage portugais, *Essai sur les moyens de rétablir les sciences et les lettres en Portugal*, par Antoine Teixeira-Gamboa, à Lisbonne et à Paris, fut traduit en français ; et on jugeait qu'il méritait d'être mis entre les mains de tous les éducateurs (*Année littéraire*, 1762, t. I, p. 97 et suiv.). L'auteur anonyme d'une brochure : *Mémoires importants au sujet des études du Portugal* (s. l. n. d.) disait dans une note que, bien que composé pour le Portugal, cet ouvrage n'en intéresse pas moins les autres pays de l'Europe (p. 1, note).

3. C'était l'avis de Duclos, *Considérations sur les mœurs de ce siècle*, 1751 (*Œuvres*, t. I, ch. II, p. 80, et ch. XII, fin).

4. Rivard, *Recueil de Mémoires..., IXe Mémoire*, p. 183.

5. *Journal Encyclopédique*, novembre 1762.

6. Colomb, *Plan raisonné d'éducation publique pour ce qui regarde la partie des études*. — Cf. *Encyclopédie*, article COLLÈGE (t. III, p. 637).

pris l'initiative de la réforme. Puisqu'ils avaient supprimé, il leur appartenait de remplacer; comme nous l'avons déjà dit incidemment, le Parlement de Paris avait, le 6 août 1761, demandé des Mémoires aux Maires, aux Echevins, aux Officiers des Bailliages, aux Universités[1]; nous avons vu aussi que La Chalotais avait, dans son premier *Compte rendu,* demandé que tous les corps constitués fussent appelés à concourir à la réforme projetée; et la Cour avait rendu un arrêt dans ce sens. Ce que l'on voulait surtout, c'était éviter la dispersion des efforts, aboutir à l'unité de plan, en mettant un « *ensemble* dans tous les établissements », ensemble jugé indispensable[2]. Pour atteindre ce but, les

1. Barbier, *Chronique...*, août 1761, 9 février 1762 (t. VII, p. 393; t. VIII, p. 8); *Journal Encyclopédique,* mars 1762, et décembre 1763, à propos du discours de Vicaire, dont nous avons déjà parlé : « Les Cours souveraines regardent l'éducation comme un des objets les plus essentiels de leur administration. » Quand les officiers municipaux ne se décident pas à remplacer les maîtres dans les Collèges, on leur ordonne d'y pourvoir « sous peine d'en répondre en leurs propres et privés noms », comme il arriva à La Rochelle le 8 mai 1762 (voir *Nouvelles ecclésiastiques,* 2 novembre 1762). — Cf. Dulaure, *Histoire physique, civile et morale de Paris,* 1821-1822, 7 vol., t. VI, p. 78.

2. Rolland, *Précis des Comptes rendus par les commissaires du Parlement des établissements, autres néanmoins que ceux qui n'étaient pas desservis par les Jésuites, Recueil...*, p. 761 (ce titre contient évidemment une faute; il s'agit des établissements qui n'appartenaient pas aux Jésuites; cela ressort des premières lignes du *Précis*): « Notre soin principal était de mettre un *ensemble* dans tous les établissements destinés à l'éducation, ensemble sans lequel on ne fera jamais rien de bien. » Le 3 septembre, le Parlement, par un arrêt, enjoint aux Universités de Paris, Reims, Bourges, Poitiers, Angers, Orléans, de donner des Mémoires sur l'Éducation. « Il veut établir une espèce d'affiliation entre tous les différents Collèges, pour qu'il en résulte un plan uniforme d'instruction » (Bachaumont, *Mémoires,* 13 septembre 1762, t. I, p. 126). Voir aussi dans Bachaumont (4 octobre 1762, t. I, p. 131) et dans les *Nouvelles ecclésiastiques* (7 décembre 1762), le récit de la prise de possession du Collège Louis-le-Grand par M. Fourneau, recteur de l'Université, et les éloges que les uni-

Parlements étaient tout indiqués ; ils devaient servir à centraliser les vœux, et à répondre aux besoins de la Nation[1]. Leur décision reçut une approbation unanime[2]; tout le monde était prêt à accepter ce qui viendrait des Parlements, dont on reconnaît l'amour pour tout ce qui regarde l'utilité publique[3].

La réforme de l'éducation, issue d'un événement politique, prenait, elle aussi, un caractère politique.

II

A Rennes, la Faculté de Droit fut la première à répondre à l'appel du Parlement. Elle envoya un Mémoire que La Chalotais déposa sur le bureau de la Cour, le 24 mai 1762, en achevant la lecture de son second *Compte*

versitaires donnent au Parlement qu'ils remercient de son patronage. Par son mandement du 25 novembre 1762, le recteur de l'Université de Paris avait annoncé le sujet du prix des Maîtres ès arts, pour l'année 1763, sur ce sujet : « Quanti populorum intersit eadem, in omnibus scholis publicis, de Religione, de Moribus ac Litteris doceri » (*Mercure de France*, février 1763).

1. Colomb, *Plan raisonné*... Diderot est d'un avis différent et se plaint de ce que « ce n'est pas le zèle du bien public, mais de petites haines particulières qui ont dirigé les magistrats » (*Voyage à Langres*, 1770 ; *Œuvres complètes*, édit. Assézat, t. XVII, p. 359).

2. Turben (*Idées d'un citoyen sur l'instruction de la jeunesse ou projet d'éducation générale et particulière*. Paris, 1762, 86 pages) s'extasie sur cette époque glorieuse et la compare à l'époque des Médicis, de Léon X, de François Ier, de Louis XIV, et fait l'éloge des magistrats. Grimm (*Correspondance*, 15 octobre 1762, t. V, p. 173) se moque de cette exaltation.

3. Rivard, *Recueil de Mémoires*... (Ve *Mémoire* écrit à la fin d'octobre 1762) ; Pellicier, *Mémoires sur la nécessité de fonder une École pour former des Maîtres selon le Plan d'éducation donné par le Parlement en son arrêt du 3 septembre 1762*, s. l., 1763 ; *Premier Mémoire* et *Quatrième Mémoire*, fin.

rendu. Sur les instances et les demandes réitérées de La Chalotais et du Parlement[1] qui voyaient avec peine le retard que mettaient les villes à répondre à leur invitation, d'autres Mémoires leur furent adressés, par la Communauté des villes, par le Présidial, ainsi que par les autres villes du ressort, qui avaient un Collège, ou désiraient profiter de l'occasion pour en faire établir un. C'est La Chalotais qui fut chargé de prendre connaissance de tous ces projets, des doléances des uns, des difficultés rencontrées par les autres. Préoccupé qu'il était du problème qui se posait, pensant, lui aussi, à donner ses idées à ce sujet, il devait chercher, dans cette lecture, à prendre contact avec les besoins des populations, peut-être à s'en inspirer. Il en est un, d'ailleurs, qu'il a annoté de sa propre main, approuvant ou désapprouvant brièvement les plans proposés.

Avant d'arriver aux projets d'éducation que devait formuler La Chalotais, il nous est indispensable de lire, avec lui, ce qu'il a lu, et de donner une idée sommaire des Mémoires que le Procureur Général garda probablement longtemps sur sa table de travail.

Le Mémoire de la Faculté de Droit est de tous ceux qui ont été conservés aux Archives d'Ille-et-Vilaine, le plus étendu, le plus substantiel. Il est certainement l'œuvre de jurisconsultes distingués, qui étaient, en même temps, des hommes d'expérience, préoccupés

1. Registres secrets, audiences des 28 mai, 5, 7 juin 1762. Les commissaires désignés lurent les Mémoires les 14 et 15 juin, La Chalotais s'étant retiré.

des questions pratiques [1]. Nous savons, en effet, qu'Etudiants et Professeurs se mêlaient à la vie extérieure [2]. De plus la Faculté entretenait des rapports de grande courtoisie avec les représentants du pouvoir royal, et elle manifesta toujours une profonde sympathie pour La Chalotais [3].

Dans son Mémoire, la Faculté de droit réclamait pour l'éducation du citoyen, faite par des citoyens, comme le demandait La Chalotais dans son premier *Compte rendu* [4]. Elle insiste sur la nécessité d'un concours pour recruter les Professeurs : sur les ressources nécessaires aux éducateurs qui doivent jouir d'une certaine considération [5], sur le besoin d'inspections sérieuses et sur la moralité indispensable aux établissements. Elle pense que l'étude d'une langue morte, apprise imparfaitement, n'est pas nécessaire, et elle attache une grande importance à l'explication des Auteurs. Il faut qu'on étudie le Français, que l'on connaisse la « littérature nationale » [6],

1. Archives d'Ille-et-Vilaine, série B, 66. — La commission nommée par la Faculté de Droit était composée de Poullain du Parc, Loisel, Bigot de Préameneu, Frot, Étasse, qui fut choisi comme rapporteur.

2. Voir Émile Chénon. *Les anciennes facultés des droits de Rennes* (1735-1792). Rennes, 1890, p. 133.

3. Id., *ibid.*, p. 142 : Les Facultés de Droit furent avec le Parlement, lors de ses démêlés avec le pouvoir royal (1761-1765); et quand, après sa disgrâce, en 1774, La Chalotais rentra à Rennes, les Étudiants firent une grande manifestation.

4. La Faculté de Droit demandait l'exclusion des congrégations, mais non des ecclésiastiques; et cependant le rapporteur ajoute, comme s'il n'admettait que des laïques : « La qualité de père serre les premiers nœuds de la nature qui nous attachent à la patrie » (p. 5, Archives...).

5. P. 8: « Si des vues d'économie arrêtent ceux qui présideront au rétablissement des Collèges, il est inutile de travailler à un nouveau Plan. »

6. On demande que les classiques français soient étudiés en même

ainsi qu'une langue étrangère, l'histoire et la géographie. Quant au Grec, la Faculté pense que, vu le petit nombre d'écoliers qui s'y adonnent avec fruit, il ne faut pas lui sacrifier un temps précieux ; mais, dans la Capitale de la Province, on pourrait fonder une chaire spécialement pour cette langue[1]. Après avoir dit qu'il ne faut plus exercer la mémoire sans le jugement, et qu'on doit unir la rhétorique à la logique et à la dialectique, la Faculté réclame pour la liberté des opinions philosophiques[2], pour la suppression des « questions ridicules ou dangereuses »; il vaut mieux se préoccuper des questions pratiques, en développant les principes du droit naturel, les fondements de la société civile, de l'autorité politique, de l'inégalité parmi les hommes, et de la distinction des domaines. Malgré ces tendances modernes, la Faculté de droit pense qu'en métaphysique et en morale, on peut suivre la coutume de parler latin, et conserver l'argumentation syllogistique, bien que cette marche ne doive pas être la seule.

Ces idées exposées nettement durent vivement frapper La Chalotais qui, comme nous le verrons, en a fait son profit. Les autres Mémoires ne parvinrent à La Chalotais qu'après la lecture de son second *Compte rendu,* c'est-à-dire après le mois de mai 1762.

temps que les classiques latins, La Fontaine en même temps que Phèdre; et l'on pense que la lecture des textes fera apprendre l'orthographe, la prononciation, de façon à corriger le mauvais accent que chaque écolier apporte de sa province, p. 11-14.

1. P. 29.

2. Ainsi, on exposerait les trois théories sur l'origine des idées (le sensualisme, les idées innées, le sentiment de Malebranche), et l'on laisserait les étudiants choisir. Même liberté sur les « questions problématiques » qui n'intéressent ni la Religion ni l'État.

Le Bureau servant de la Communauté de Rennes adressa au Procureur Général un Mémoire, rédigé par Le Meur, Procureur du Roi[1]. Le Meur réprouve les « méthodes longues, inutiles, rebutantes et aussi opposées à l'expérience qu'à la raison »; il voudrait voir les trois langues, le Latin, le Grec et le Français apprises par les mêmes méthodes ; il pense que la *Logique* de Port-Royal renferme tout ce qu'il est nécessaire de savoir ; il a le souci d'un enseignement régional d'hydrographie, nécessaire à Rennes ; mais il insiste surtout sur la valeur de la Morale, qui est comme la fin de toutes les autres connaissances[2], sur l'exclusion des Réguliers, et sur la sélection qu'il faut faire parmi les élèves pour ne pas fausser les vocations.

1. Le Meur. *Mémoire du Bureau servant de la Communauté de Rennes sur le nouveau Plan d'éducation, demandé par arrêt de la Cour du 23 décembre 1761, proposé en forme de réquisitoire par M. Le Meur. Procureur du Roi, Syndic à l'Assemblée générale tenue en l'Hôtel de Ville où présidait M. Le Masson de Longrais, doyen des Échevins en exercice, le 3 juin 1762.* A Rennes, chez G. Vatar, 1762, in-12, 34 pages. Ce Mémoire — imprimé, comme l'on voit, et signalé par les *Nouvelles ecclésiastiques*, 31 octobre 1763, — provoqua la nomination d'une commission chargée de l'apprécier. Un des commissaires, Dupourquet-Louyer, ancien échevin, lut son rapport dans l'assemblée générale de la Communauté de Rennes, le 12 juin 1762. Il y eut des discussions dans l'Assemblée : le Mémoire lu par Dupourquet-Louyer aurait subi certains retranchements « par ordre supérieur », dit celui-ci. Quel est cet ordre supérieur ? La Chalotais, qui a pu avoir connaissance du rapport avant la réunion de l'Assemblée, n'aurait-il pas exigé certaines retouches, relatives sans doute à quelques critiques formulées par le rapporteur ? La discussion de l'Assemblée, telle qu'on la connait par le procès-verbal, est très confuse, et il est évident que tout ce qui y a été dit n'y figure pas.

2. Le Meur, *Mémoire...*, p. 23 : C'est une science « toute grave, toute sérieuse, qui doit être traitée en grand avec circonspection et exactitude. Il serait même à souhaiter qu'on le fît d'une manière intéressante et affectueuse ».

Les autres Mémoires que reçut La Chalotais sont de moindre importance.

Ainsi, les Officiers du Siège présidial de Rennes[1], bien qu'ils soient au courant des questions qui se discutaient à l'époque, se préoccupent surtout de l'ordre général du Collège, et manifestent une certaine appréhension pour les nouveautés ; ils voudraient voir l'enseignement donné par des Prêtres Séculiers[2].

Le Présidial de Vannes, dans son Mémoire du 30 avril 1762, demande la conservation du Collège qui a été florissant[3]. Il formule certaines propositions relatives à sa future organisation ; et La Chalotais, tout en lisant, a pris la peine d'annoter les différents articles du projet. C'est le seul Mémoire pour lequel il l'ait fait. Tout en restant très attaché aux croyances religieuses, et sans les blesser en quoi que ce soit, La Chalotais affirme, dans ces notes rapides, ses convictions laïques, et son intention de voir séculariser l'enseignement. Quand le Présidial demande que le Principal, le Sous-principal, les Professeurs de théologie soient particulièrement agréés et approuvés par M. l'Évêque de Vannes, La Chalotais répond : « L'appréciation de M. l'évêque n'est nécessaire que pour la théologie ». On demande que le Principal et le Sous-principal soient prêtres ; La Chalotais écrit : « Il n'est point nécessaire de prê-

1. Archives d'Ille-et-Vilaine, série B, 66.
2. « Toute personne éclairée soit religieux, prêtre ou laïque est capable de donner des instructions à la jeunesse pour servir Dieu et l'État ; cependant les religieux et les laïques y paraissent moins propres. »
3. Archives d'Ille-et-Vilaine, série B, 66.

tres... »[1]. L'auteur du Mémoire ajoute : « Les Professeurs et Régents seront indistinctement ecclésiastiques ou laïcs sans autre préférence que celle de la capacité et des mœurs » ; une simple annotation : « Bon ». On demande que les Professeurs de physique et logique soient, autant que l'on pourra, dans les ordres ou initiés, qu'aucun des dits Professeurs, ni des cinq autres, ne soit marié. La Chalotais écrit : « Mauvais article. Dans les ordres ou laïques, ou mariés, cela est égal ». Les Officiers du Présidial abordent une question couramment discutée à l'époque, celle de l'alternance des Professeurs de physique et de logique ; il sont partisans de l'alternance. Pour La Chalotais, « cela ne vaut rien »[2]. On pense que tous les membres du dit Collège doivent être admis par délibération, et à la pluralité des voix, d'une assemblée composée de M. l'Évêque de Vannes, de MM. le Sénéchal, le Doyen, les deux députés des conseillers et des Gens du Roi. La Chalotais pense que « les ecclésiastiques ne sont point nécessaires, et qu'ils ne doivent avoir voix qu'autant qu'ils seront membres de la ville ».

La Communauté de ville, à Vannes, envoya le même projet que le Présidial, le 1er mai 1762[3].

Les Officiers municipaux et les Juges royaux de Brest adressent le 7 juin 1762, à La Chalotais, un Mémoire

1. La Chalotais ajoute : « Quand même ils seraient nécessaires », et la suite est illisible.

2. Nous aurons occasion de revenir plus loin sur ce mode d'organisation, connexe d'une autre question analogue : les Professeurs doivent ils être stables dans leurs classes, ou monter avec leurs élèves ?

3. Archives d'Ille-et-Vilaine, série B, 66.

rédigé le 29 mai[1]; ils demandent l'établissement d'un Collège qui serait installé dans les bâtiments du Séminaire royal de la marine, autrefois dirigé par les Jésuites. Ils réfutent par avance l'objection qu'on pourrait leur faire : la diffusion de l'instruction n'empêcherait-elle pas le recrutement des gens de mer? Ils citent l'exemple de l'Angleterre, où les marins ont reçu une grande instruction, et parlent latin[2]. On énonce les avantages qu'il y aurait à avoir des Bénédictins; mais, comme l'on veut « d'excellents cultivateurs de la jeunesse », on préfère des Séculiers, de « vrais membres de l'État », ou même des Laïcs. On voit qu'à Brest, on s'est inspiré des idées contenues dans le premier *Compte rendu* de La Chalotais.

Des autres villes, il ne fut guère adressé au Procureur Général que des états sur les revenus et les charges respectives de chaque Collège, en exécution de l'édit du mois de février 1763. On demande le maintien de certains Collèges, en avançant que c'est une source de revenus et de prospérité pour les habitants[3]; on donne aussi des raisons morales, parce qu'on craint pour certains élèves, le séjour des grandes villes d'Universités, aux mœurs corrompues[4]; une ville qui voudrait voir

1. Ibid.
2. Voir, plus loin, cette question importante traitée par La Chalotais, et les allusions évidentes qu'il fait au Mémoire de Brest.
3. Lettres du Procureur fiscal de Dol des 5, 9, 12 juillet 1763 (Archives d'Ille-et-Vilaine, B, 65, ancien); Mémoire du Syndic de Saint-Brieuc, 6 juillet 1763 (Archives d'Ille-et-Vilaine, ancien B, 66); État du Collège de Tréguier par De Parthenay-Duplessis, ancien maire, 8 juillet 1763 (Archives d'Ille-et-Vilaine, ancien B, 66).
4. État du Collège de Tréguier...

annexer à son Collège le Collège d'une ville voisine prétexte l'insalubrité de celle-ci, qu'elle oppose au climat sain dont elle jouit[1], etc., etc.

La Chalotais avait ainsi en mains, de par ses fonctions, et dans son milieu immédiat, tous les documents officiels pour réorganiser l'enseignement dans son pays, en tenant compte des vœux et des nécessités locales. C'était, en quelque sorte, la contribution de l'État à l'organisation future.

III

Mais, La Chalotais ne dut pas s'inspirer uniquement des rapports administratifs dont nous avons parlé. Nous savons que tous les esprits songeaient à une réforme plus ou moins radicale de l'éducation. A côté de l'action administrative, se produisait, grâce à l'initiative privée, un nombre considérable de projets, de plans; le mouvement pédagogique était d'une intensité remarquable : et comme, déjà, ce mouvement est signalé en 1755[2],

1. A Dinan, on demande le maintien du Collège « à cause de la situation et de la pureté de l'air qu'on y respire..., de l'air charmant », et la réunion du Collège de Dol, qui est désert par suite de l'insalubrité de l'air (État du Collège de Dinan, 25 juillet 1763 ; Archives d'Ille-et-Vilaine, série B. 65, ancien). Dinan est, en effet, « situé dans le meilleur air, entouré du paysage le plus agréable » (Duclos, *Mémoires sur sa vie, Œuvres*, t. X, p. 1) ; et l'on citait les « beautés qui environnent cette ville », les « merveilles de la nature en ce lieu » ; « on dirait que ce sont les champs d'Eden » (Ogée, *Dictionnaire historique et géographique de la province de Bretagne*, 1778, t. II, p. 10), tandis que Dol était entouré de marécages pestilentiels, et sa population diminuait (Ogée, *Ibid.*, p. 40, 44 et note).

2. Quand, dans l'article Éducation, de l'*Encyclopédie*, Du Marsais

les événements de 1762 n'en sont pas la cause unique.

Depuis quelques années, la publication de l'*Encyclopédie* donnait aux esprits un tressaillement intérieur inconnu jusqu'alors, qui se retrouvait dans les écrits et dans les conversations[1]. On se sent porté vers une amélioration de l'état général, on a souci « de la plus grande utilité publique[2] » ; c'est l'époque des Économistes[3]. Il s'est aussi produit un rapprochement entre les gens du monde et les gens de lettres ; on sent que ceux-ci forment l'opinion publique[4], et l'on comprend le rôle moral que le lettré peut avoir dans la société[5]. Et d'autre part, on

est à même de parler des mœurs et des qualités sociales, il dit simplement : « Mais nous avons tant de bons livres sur ce point, que je crois devoir y renvoyer. »

1. Garat, *Mémoires...*, t. I, p. 163, 170. Voir A. de Tocqueville, *l'Ancien régime et la Révolution*. Paris, 1877, p. 251.

2. *Journal Encyclopédique*, novembre 1762.

3. Grimm, *Correspondance*, 1er mai 1759 (t. IV, p. 105) ; et *Journal Encyclopédique*, août 1760 (à propos d'une nouvelle édition de l'*Ami des hommes*) : « On se détourne des productions brillantes des littérateurs frivoles ; on admire ces génies bienfaisants qui s'appliquent à ouvrir les routes du bonheur. » Cf. A. de Tocqueville, *ibid., loc. cit.* ; Sismondi, *Histoire des Français*, t. XXIX, p. 269 et suiv.

4. Raynal, *Histoire du Stathoudérat*, 1748 ; Duclos, *Considérations...*, 1751 ; D'Alembert, *Essai sur la société des gens de lettres et des grands*, 1752 ; *Apologie de l'Étude*, 1761.

5. En 1753, Thomas, qui avait été professeur dans les basses classes au Collège de Beauvais, soutenait pour la maîtrise ès arts une thèse sur ce sujet : « Quantum in societatibus hominum litteratorum ad mutuam utilitatem mutua prosit amicitia » ; en 1767, dans son discours de réception à l'Académie française, il peignit l'homme de lettres citoyen qui doit éclairer l'Univers ; et le 6 septembre 1770, recevant M. de Brienne, archevêque de Toulouse, il reprit son panégyrique en faveur des lettres. — En 1756, le P. Geoffroy cherche dans un discours quels sont les rangs que le philosophe et le littérateur méritent d'occuper parmi les citoyens ; on trouve étonnant qu'un orateur de Collège choisisse un sujet si délicat (*Journal Encyclopédique*, juin 1756) ; et un jeune auteur de vingt-deux ans, Blondel, soutient une thèse analogue dans *Les loisirs philosophiques ou l'étude de l'homme*. Londres et Paris (*Journal Encyclopédique*, juillet et septembre 1756).

se préoccupe des questions morales; on constate même qu'on a « le goût de prêcher », que c'est « une passion universelle[1] ». Une feuille de l'époque parle du « goût raisonneur du siècle » qui veut partout de la morale, la considère comme l'« essence de la société[2] », et la préfère à la pure littérature[3]. Aussi, depuis quelques années voyait-on éclore quantité d'ouvrages relatifs à l'éducation, ouvrages qui prennent parfois la forme d'un roman, et traitent de l'éducation des princes, de l'éducation mondaine, etc.[4]; on traduit même des ouvrages étrangers[5]. Mais la production pédagogique devient plus abondante et surtout plus intéressante vers 1761, au moment de l'apparition de l'*Emile*, et de la suppression des Jésuites. Ce sont, d'abord, de nombreux ouvrages de vulgarisation, des dictionnaires portatifs, — en huit volumes[6]. Mais, ce sont aussi des traités sur les

1. Grimm, *Correspondance*, 1er juillet 1762 (t. V, p. 112).

2. *Journal Encyclopédique*, juillet 1757 et octobre 1759. Cf. Grimm, *Correspondance*, 1er juin 1763 (t. V, p. 296, 301).

3. En 1761, la Société royale de Nancy met au concours cette question : « Serait-il plus utile à notre siècle de faire des ouvrages de pure littérature que d'écrire sur la morale ? » et donne le prix à une jeune fille de dix-huit ans qui répond négativement (*Mémoires de Trévoux*, février 1762).

4. Citons entre autres : *Les lettres du Baron Pierre Ptaumpson sur la Philosophie de l'Abbé Terrasson*. A Pétersbourg, 1756 ; les ouvrages de Mme Leprince de Beaumont : *Lettres de Madame du Moutier à la Marquise de *** sa fille, avec les réponses*, 1756 ; *le Magasin des enfants, le Magasin des adolescentes* ; Cte de Vareilles, *Lettres sur l'Education des Princes*. Paris, 1757 ; Caraccioli, *Le véritable Mentor ou l'Éducation de la noblesse*. Liège, 1761 ; *Lettres instructives et curieuses sur l'éducation de la jeunesse, ouvrage utile aux Pères de famille*, et *nécessaire aux Précepteurs*. Paris, 1761 ; *l'ami des Filles*, 1761, etc., etc.

5. Le Marquis d'Halifax, *Avis d'un père à sa fille*, ouvrage traduit de l'anglais. Paris, 1756 ; Sordyce, *Éléments de philosophie morale*, trad. de l'anglais par M. de Joncourt. La Haye, 1756.

6. Grimm, *Correspondance...*, 1er août 1758 (t. IV, p. 29) : « La

réformes à faire. Chacun propose son idée; et en même temps, que parviennent aux Parlements, les Mémoires collectifs qu'ils avaient demandés, on répand dans le public une grande quantité de brochures qui traitent le même sujet, mais parfois avec plus de liberté. Grimm, dans sa *Correspondance*, est très attentif à ce mouvement, à cette « manie »; il dit que, toutes les semaines, il naît des écrits sur l'éducation[1], et, cependant, il y aurait eu des penseurs qui auraient renoncé à faire connaître leurs idées[2]. Lui-même s'était proposé d'écrire sur l'éducation un ouvrage dont il compare complaisamment le plan à l'*Emile*[3]; mais, s'il n'a pas donné suite à son projet, il se dédommage en passant au crible de sa critique les œuvres de ses contemporains. Les journaux littéraires de l'époque font une grande place aux écrits de cette nature, reconnaissent les difficultés du problème, et l'embarras pour le lecteur d'arriver à une solution[4].

fureur des dictionnaires est devenue si grande qu'on vient d'imprimer un *Dictionnaire des dictionnaires*. » *Nouvelles ecclésiastiques*, 26 novembre 1760 : « Jamais on ne vit tant d'écrits périodiques, de journaux, d'abrégés, de dictionnaires portatifs, etc., que depuis que les études solides sont négligées. »

1. Grimm, *Correspondance...*, 15 décembre 1762 (t. V, p. 196): « La manie de cette année est d'écrire sur l'éducation. » Cf. *Ibid.*, 15 avril, 1er juin 1763 (t. V, p. 259, 308).

2. Id., *ibid.*, 15 octobre 1762 (t. V, p. 173): « Ceux qui seraient en état d'en donner, ne voulant pas se plier à l'esprit de parti, ne se feraient point écouter et se taisent. » Rousseau (*Émile*, livre I; *Œuvres*, t. III, p. 15-16, note) fait aussi allusion à un projet de réforme conçu par un professeur de l'Université, et il l'exhorte à le publier.

3. Grimm, *Correspondance*, 1er juillet 1762 (t. V, p. 111): « Je crois que, tel que je l'avais conçu, il avait plus l'air d'un ouvrage de génie. » Cf. Eugène Ritter, *J.-J. Rousseau et Madame d'Houdetot* (Annales de la Société J.-J. Rousseau, t. II, 1906, p. 89).

4. *Mémoires de Trévoux*, octobre 1762, septembre et octobre 1764; *Journal Encyclopédique*, juillet 1756, mai et juin 1763, et passim.

Nous ne tenterons pas de passer ici en revue tous les opuscules, traités, Mémoires de concours pour les Académies qui parurent vers 1761 et 1762. La liste en serait fastidieuse et inutile, d'autant plus que nous aurons, dans la suite de cette étude, occasion de les rappeler ou de les citer suivant les questions spéciales qui nous occuperont. Nous dirons simplement que la Chalotais a dû connaître et lire ces productions. Il n'a pas pu rester étranger à ce qui paraissait sur un sujet capital pour lui. Malheureusement, nous n'avons aucun renseignement positif. La bibliothèque de La Chalotais n'a pas été conservée; en 1827, elle a été dispersée[1]. Si nous en connaissions la composition, nous pourrions suivre sa pensée; nous savons seulement qu'elle était « très choisie », qu'il y avait « de très bons et excellents ouvrages », au nombre de 1 542, ou de 3 044 volumes[2]; mais nous ne pouvons pas dire quels ouvrages d'éducation La Chalotais aurait lus.

1. C'est ce qui résulte d'une note de la *Biographie bretonne* de Levot (art. LA CHALOTAIS, t. II, p. 79). La bibliothèque contenait beaucoup de livres annotés de la main de La Chalotais qui ont été recueillis par les bibliophiles. M. F. Saulnier, conseiller honoraire à la Cour d'appel de Rennes, et auteur d'un important ouvrage sur le *Parlement de Bretagne* (Rennes, 1908, 2 vol. in-4), devint acquéreur, en 1857, d'un grand nombre de ces ouvrages. Nous avons demandé à M. Saulnier des renseignements à ce sujet. Avec une très grande amabilité, dont nous le remercions ici, M. Saulnier nous a donné certains détails sur La Chalotais; mais il s'est défait de la plupart des volumes, et ne se souvient pas de leur titre; leur valeur tenait surtout à leur provenance. De plus, quand on a vendu la bibliothèque de La Chalotais, on n'avait pas l'habitude de dresser un catalogue, surtout en province. Il nous a été aussi impossible de rien savoir par les journaux locaux. Le recueil intitulé les *Affiches de Rennes* devait paraître annuellement; mais l'année 1827 manque à la Bibliothèque municipale de Rennes.

2. Pendant la Révolution, le Comité d'Instruction publique fit faire l'inventaire de tous les objets qui se trouvaient au château de Cara-

Il en est un qu'il a certainement connu, c'est l'ouvrage anonyme intitulé *De l'Education Publique*, qui parut à la fin de l'année 1762, ou dans les premiers jours de janvier 1763[1]. Ce livre fit un certain bruit[2]; et, quel que soit son auteur, qu'il soit, comme l'ont cru certains contemporains, de Diderot, ou qu'il soit de Crevier[3], il attira l'attention du public. Dans le *Post-*

deuc et à Rennes, dans l'hôtel qui avait été celui de La Chalotais. L'inventaire des livres, resté manuscrit à la Bibliothèque municipale de Rennes, est dû à Mainguy et Le Sage, prêtres (*Journal de nos travaux bibliographiques commencés le 1er germinal, an II de la République une et indivisible*); à Rennes, il fut fait du 13 au 29 thermidor an III. En plus des livres, il y avait beaucoup de « chartres » (*sic*); les manuscrits étaient au nombre de cent quatre-vingt-dix-huit volumes; en 1795, tout fut rendu à la famille; dix manuscrits ayant appartenu à La Chalotais sont à la Bibliothèque de Rennes (voir *Catalogue général des Manuscrits des Bibliothèques publiques de France*: départements, t. XXIV). Ils n'ont aucun rapport avec les questions d'éducation. — Nous nous faisons un devoir de dire que nous devons ces renseignements à l'obligeance de M. Barthélemy Pocquet, l'érudit bien connu, qui a bien voulu faire pour nous, ces recherches à la Bibliothèque de Rennes. Nous le prions d'agréer l'expression de toute notre gratitude.

1. *De l'Éducation Publique*, à Amsterdam, 1763 (Le *Dictionnaire de Pédagogie* de F. Buisson catalogue ce livre à l'année 1762; article BIBLIOGRAPHIE).

2. Si le *Journal des Savants* se borne à annoncer l'*Éducation Publique*, aux « Nouveautés littéraires », en avril 1763, le *Journal Encyclopédique* en parle (juin 1763), et le *Mercure de France* qui l'annonce en janvier (second vol., p. 80), lui consacre une analyse de quatre pages dans sa livraison de mai (p. 112-116), et termine ainsi: « Des vues utiles qu'il serait à désirer qu'on exécutât dans toute l'étendue du royaume. L'ouvrage entier est d'un homme instruit, et qui paraît désirer bien sincèrement que les autres hommes le fussent également. » Le 21 janvier, Bachaumont en parle en ces termes: « On parle beaucoup du livre de l'*Éducation Publique*. On le cite avec le plus grand éloge, et quoi qu'il ne soit plein que de vues saines et d'une philosophie sage et usuelle, on l'attribue à M. Diderot. C'est un plan très bien fait et très détaillé de la marche à suivre dans les études. Il entre à merveille dans les vues du Parlement et remplit le projet demandé » (t. I, p. 169). Ce n'était pas l'opinion de Grimm (*Correspondance*, 15 avril 1763, t. V, p. 259).

3. Il n'est pas nécessaire pour notre étude de savoir à qui l'on doit le livre de l'*Éducation Publique*. La question a été discutée par M. Ed.

Scriptum qu'il a ajouté à l'*Essai d'Éducation Nationale*, La Chalotais en parle avec une certaine déférence, et juge favorablement l'auteur. En lisant ce livre qui lui était tombé sous les mains, sa « première idée » fut qu'il lui était impossible de parler d'éducation, que, tout au moins, sa tentative serait inutile. La Chalotais ne voulait pas, au moment où l'on était inondé d'ouvrages d'éducation et de Plans d'Etudes, en publier un qui eût fait double emploi. C'était un scrupule exagéré; car, sans anticiper en rien sur ce que nous aurons à dire plus

Dreyfus-Brisac (*Petits problèmes de Bibliographie pédagogique*, dans la *Revue internationale de l'Enseignement*, 15 octobre 1892, et dans l'*Éducation Nouvelle*, 3e série. Paris, 1897, p. 101-127), qui attribue à Diderot l'*Éducation Publique*. Disons que les arguments qu'il donne et les rapprochements qu'il fait avec le *Plan d'une Université pour le gouvernement de Russie* ne nous ont pas convaincu. Il faut bien accorder une certaine valeur au témoignage de Grimm qui refuse à Diderot la paternité du livre (*Correspondance, loc. cit.*); et en admettant que « Diderot n'est pas entièrement étranger à cet ouvrage », comme le croit M. Tourneux (note au passage de Grimm); n'y « aurait-il mis que quelques phrases », Grimm n'aurait pas, envers un collaborateur de son ami Diderot, formulé des critiques aussi dures (*loc. cit.* : « nulle vue véritablement grande, etc. »), ni surtout tenu le langage insolent et cavalier qu'il tient quelques mois plus tard. Comparant l'ouvrage de La Chalotais à l'*Éducation Publique*, il dit : « l'auteur n'est pas digne de lui (à La Chalotais) délier ses souliers » (*Correspondance*, 1er juin 1763, t. V, p. 309). De plus M. Dreyfus-Brisac fait état d'une lettre de Diderot à Mlle Volland (Diderot, *Œuvres*, édit. Assézat, t. XIX, p. 105); or, le ton de cette lettre nous paraît être plutôt le ton de quelqu'un qui vient de lire l'ouvrage d'un autre, que le sien propre. Elle est, d'ailleurs, du 19 août 1762, et peut très bien se rapporter à un tout autre ouvrage sur l'*Institution Publique* (c'est ainsi qu'on désignait les traités analogues de l'époque). Si l'*Éducation Publique* n'est pas de Diderot, rien ne prouve qu'elle soit de Crevier, comme l'affirme Barbier (*Dictionnaire des Anonymes*) sur la foi d'une note manuscrite relevée dans un exemplaire. Pourquoi cet ouvrage ne serait-il pas dû à un ecclésiastique qui, tout en flattant certaines idées du jour, voulait conserver et accroître pour ses collègues leur prestige d'éducateurs ? et ce serait là la raison pour laquelle La Chalotais aurait jugé opportun de publier son propre ouvrage pour propager l'idée opposée.

tard, l'*Éducation Publique* n'était pas un de ces livres qui s'imposât à l'exclusion de tout autre. Malgré son épigraphe, qui affirmait la confiance qu'avait l'auteur dans le pouvoir de l'éducation et de la science[1], c'est en somme, un simple plan, un programme, un horaire presque de l'emploi du temps dans un Collège. Et si, sur certains points, La Chalotais se trouvait d'accord avec l'auteur, comme, par exemple, sur la direction des études qui doit appartenir à l'État, sur la nécessité d'une certaine décentralisation de la vie littéraire et sur le besoin d'hygiène et de salubrité dans les écoles[2], il était des « détails essentiels » qui les séparaient. L'auteur de l'*Éducation Publique* admettait beaucoup d'écoles que La Chalotais ne voulait pas; il réclamait la création de cinq degrés d'écoles[3]; et, de plus, il croyait que les Maîtres doivent faire « partie nécessaire du Clergé » et que c'est « au Clergé à fournir les Maîtres et à les payer[4] ». La Chalotais avait d'autres conceptions; il les avait déjà manifestées, dans les *Comptes rendus*, et dans les notes mises en marge du Mémoire envoyé par le Présidial de Vannes. Ses idées constituaient une nouveauté; et la Chalotais eut raison d'écouter le conseil de celui qui le dissuada de supprimer l'œuvre qu'il avait préparée[5]. Il ne suivit pas son pre-

1. L'auteur prit pour épigraphe ces mots d'un verset du *Deutéronome* (chap. IV, 6) : « Populus sapiens, gens magna », sans se préoccuper du sens qu'ils ont avec le contexte.

2. *De l'Éducation Publique*, p. 188, 180, 185-187.

3. *Ibid.*, p. 158 et suiv.

4. *Ibid.*, p. 199-204.

5. Serait-ce Grimm qui aurait été le conseiller de La Chalotais, comme le suggère M. Dreyfus-Brisac (*op. cit.* dans l'*Éducation Nouvelle*, p. 108)? C'est bien possible; La Chalotais alla à Paris, en 1763,

mier mouvement, qui, cette fois, n'aurait pas été le bon; et nous aurions perdu une des œuvres les plus originales, et les plus intéressantes de la pédagogie du XVIIIe siècle. Nous n'aurions pas eu l'*Essai d'Education Nationale*, dont nous allons faire apprécier la valeur; car, comparés à lui, tous ces plans, et tous ces traités ne furent vraiment que des « pierres d'attente pour un système général qui devait embrasser tout ce qu'il y a d'utile dans les vues particulières[1] ».

et y rencontra, chez le cardinal de Rohan, Buffon, d'Alembert, etc. (Georgel, *Mémoires...*, t. I, p. 61); mais nous n'avons connaissance que d'un voyage de La Chalotais, du 2 novembre 1763 au 5 mai 1764 (La Chalotais, *Mémoires*, p. 29); et, dans ce cas, son *Essai d'Éducation Nationale* avait déjà paru. D'ailleurs, le 15 novembre 1764, Grimm dit (*Correspondance*, t. VI, p. 124), en parlant de La Chalotais et de son réquisitoire sur le commerce des grains : « Je ne l'ai jamais vu ; je n'en juge que d'après sa conduite publique. » Ces derniers mots laisseraient même supposer que non seulement Grimm et La Chalotais ne se seraient pas rencontrés, mais qu'il n'y avait peut-être pas entre eux de commerce épistolaire. Il s'agirait alors de conseils que La Chalotais aurait reçus d'ailleurs que de la société des Philosophes, peut-être de quelque ami de Rennes.

1. *Mémoires de Trévoux*, juillet 1764.

CHAPITRE IV

L'ESSAI D'ÉDUCATION NATIONALE

I

Pendant que les littérateurs, les ecclésiastiques, les éducateurs publiaient des traités relatifs à l'Institution publique, pendant que tous les « ordinaires » des périodiques les annonçaient et les résumaient pour le public, le Parlement de Rennes poursuivait son œuvre de réorganisation. Il avait à s'occuper des questions matérielles ; et, quand on lit les Registres secrets, on ne voit guère d'audience où il ne soit pas question des Collèges et des affaires complexes que le départ des Jésuites avait laissé à résoudre. Ce sont les mobiliers, ce sont les dettes, légitimement réclamées par des créanciers, les prestations de serment par les Jésuites qui auraient voulu conserver leurs fonctions d'enseignement ; ce sont aussi les résiliations de baux et de marchés qui avaient été passés par des particuliers avec les Jésuites[1] ; c'est enfin

1. Archives d'Ille-et-Vilaine, Registres secrets, audiences des 20 novembre, 18, 20 décembre 1762, 17, 21 janvier, 28 février, 28, 29 mars 1763.

l'affaire de la liquidation des biens qui se poursuit jusqu'à la fin de l'année parlementaire[1]. Pour toutes ces affaires, c'est La Chalotais qui expose ce qui se passe, qui requiert des arrêts pour agir. C'est lui aussi qui se préoccupe surtout de l'organisation proprement pédagogique ; car les changements étaient grands ; le Collège n'était plus gratuit ; et même le paiement était difficile pour certaines familles. Avant de demander au Roi des augmentations de revenus qui permissent de subvenir aux dépenses[2], et pour ne pas brusquer les choses, le Parlement autorisa les Bureaux des Collèges à donner des facilités[3] ; mais, devant l'obstination et la mauvaise volonté de certaines familles, La Chalotais fut obligé de requérir, pour ces Ecoliers, l'interdiction de rentrer au Collège ; le Parlement rendit un arrêt en ce sens[4], et si certains Ecoliers de Rennes se soumettent, à Quimper et à Vannes on en voit qui se retirent sans payer la contribution[5]. Pour mettre tout en ordre, La Chalotais se fait envoyer par les directeurs des Bureaux des Collèges le tableau de leurs fonds et de leurs dépenses et fait immédiatement examiner ces états par le Parlement[6].

En même temps, le 5 février 1763, paraît l'Édit royal « portant règlement pour les Collèges qui ne dépendent pas des Universités », et ayant pour objet de leur donner

1. Ibid., 21 mai, 1er, 4, 16, 27 juillet, 6 août 1763.
2. C'est ce que l'on fit plus tard (Registres secrets, audience du 28 juillet 1763).
3. Ibid., audiences des 1er décembre 1762, 22 janvier 1763.
4. Ibid., audience du 28 février 1763.
5. Ibid., audiences des 11 et 15 mars 1763.
6. Ibid., audiences des 6, 15, 18, 29 avril 1763.

une « forme d'administration qui leur soit commune ». Cet Édit qui, au dire des contemporains, montrait bien que les Jésuites étaient morts[1], donnait aux Procureurs Généraux le soin de veiller à la situation des Collèges, de proposer leur réunion, leur suppression. Le Parlement de Rennes, qui étudia avec grand soin les dispositions de l'Édit, présenta des observations dans une lettre au Roi, et ne l'enregistra que le 20 mai[2]. Mais, entre temps, La Chalotais voyait l'autorité des Parlements s'accroître de plus en plus; il avait confiance dans son œuvre, puisque le pouvoir royal la sanctionnait; au Parlement de Rennes, il s'était reconnu le droit de s'immiscer dans une affaire qui s'était passée au Parlement d'Aix; il avait requis contre les *Mémoires* du Président d'Eguilles, qui s'était opposé aux arrêts de son propre Parlement et avait calomnié la magistrature[3].

Le moment était, pour lui, décisif; fier du rôle qu'il avait joué depuis plus d'un an, de la place qu'il occupait dans l'opinion publique, il tint à montrer ce que devait être l'action parlementaire en matière d'éducation. Il aurait pu, comme beaucoup d'autres Procureurs Géné-

1. *Nouvelles ecclésiastiques*, 7 mars 1763 : « On ne s'avise pas de dire d'un homme qu'on enterre, qu'il est défunt : l'enterrement le dit assez. » Barbier, *Chronique*, février et avril 1763 (t. VIII, p. 64 et 70) : « La Société de Jésus s'anéantit. »

2. Archives d'Ille-et-Vilaine, Registres secrets, audiences des 8, 11, 16, 21, 29 mars, 6, 16, 18 avril et 20 mai 1763.

3. Ibid., audience du 31 janvier 1763. Grimm raconte (*Correspondance*, 15 janvier 1763, t. V, p. 210) ces « brouilleries » et ce « schisme » du Parlement de Provence ; le Président d'Éguilles fut décrété de prise de corps (Bachaumont, *Mémoires*, 15 mars 1763, t. I, p. 190).

raux, faire un rapport, un compte rendu sur les Mémoires qui avaient été envoyés au Parlement ; au lieu de ce résumé assez sec qui aurait simplement énuméré les vœux essentiels des Bureaux ou des administrations locales, il songea à faire un travail qui ne fût pas une simple pièce administrative. Au moment où l'on s'occupait encore, dans les divers Parlements, des affaires des Jésuites, où des livres paraissaient encore en leur faveur[1], le 24 mars 1763, La Chalotais déposa au Parlement un *Essai d'Education Nationale ou Plan d'Etudes pour la Jeunesse*[2]. En rappelant ce qu'il avait demandé dans ses réquisitoires de décembre 1761 et de mai 1762 et en faisant allusion au mouvement intellectuel et pédagogique que connaissaient certainement tous ceux auxquels il s'adressait[3], il présente son *Essai* « comme l'ouvrage du Ministère public »[4] et il lui donne un air d'authenticité en requérant acte du dépôt qu'il en fait. La Cour adopta ses conclusions ; et, par un arrêt, ordonne le dépôt au greffe du Mémoire de La Chalotais.

Le Procureur Général, faisant œuvre personnelle d'éducateur, ne voulait pas la séparer de son rôle parle-

1. Voir Bachaumont, *Mémoires*, janvier et mars 1763, passim ; *Journal Encyclopédique*, 11 mai 1763

2. Nos renvois se rapportent à l'édition de 1763 « Nouvelle édition revue et corrigée ». A Genève, chez Cl. et Ant. Philibert. — Le Registre secret porte, à deux reprises, *Plan d'Étude* (*sic*).

3. Archives d'Ille-et-Vilaine, Registres secrets du Parlement, audience du 24 mars 1763 : « Il paraît que la Nation est pleinement convaincue aujourd'hui de la nécessité d'une réformation générale dans la méthode ordinaire des Collèges. » (Texte reproduit en tête des éditions de l'*Essai*.)

4. *Nouvelles ecclésiastiques*, 31 octobre 1763.

mentaire. Son *Essai* tient essentiellement à la vie du Magistrat qui, depuis plus d'un an et demi, vivait absorbé dans l'étude et la discussion des problèmes sociaux et pédagogiques. Dans son premier *Compte rendu,* n'avait-il pas dit, après avoir fait la critique de l'éducation des Jésuites : « Tous ceux qui sont versés dans les sciences savent que tout dépend des commencements et de la méthode »[1] ? Il lui appartenait donc d'indiquer cette méthode, surtout à cette époque de « fermentation » générale qui était, pour lui et pour ses contemporains, grosse d'inconnu[2]. Et c'est sans doute la raison essentielle qui l'a poussé à publier son livre, malgré l'apparition de l'*Education Publique,* quelques mois avant[3].

Cette collaboration d'un Magistrat à l'œuvre pédagogique de l'époque était pressentie et approuvée par l'opinion publique qui voyait l'intérêt qu'il y aurait pour l'éducation générale si, aux Académiciens dont on songeait à demander le concours, se joignaient quelques-uns des plus habiles Magistrats du royaume[4]. Certains

1. *Comptes rendus,* p. 126.
2. Le mot « fermentation » que La Chalotais emploie (*Essai,* ch. II, p. 50) se rencontre souvent dans les écrits de l'époque, tels que Barbier, Bachaumont, dans les journaux, etc. Cf. *Essai,* ch. XXIX, p. 204 : « Une régénération si nécessaire dans les Lettres, et peut-être ailleurs. »
3. Voir chapitre III, in fine.
4. Quand un éducateur, Colomb, propose que les Académiciens s'occupent de l'éducation et instituent des prix pour les meilleurs projets, le rédacteur du *Journal Encyclopédique* (octobre 1762) demande qu'à ces juges se joignent quelques-uns des plus habiles magistrats du royaume. « Quel conseil lumineux, qu'une assemblée composée de MM. d'Alembert, La Chalotaye (*sic*), Buffon, de Saint-Fargeau ? Pensera-t-on qu'un Plan d'Études, formé par de tels hommes, ne valut pas au moins tous ceux que l'on publiera, et que l'on suivra peut-être ? »

même pensaient que La Chalotais avait le devoir de remplacer ce qu'il avait détruit[1]. Enfin, celui qui, à ce moment, était le conseiller de tous ceux qui travaillaient au renouvellement des idées, Voltaire, parle à La Chalotais du travail que celui-ci préparait. Il lui écrit le 3 novembre 1762 : « Vous donnerez sans doute un plan d'éducation digne de vos excellents Mémoires qui ont servi à détruire ceux qui donnaient une assez méchante éducation à notre jeunesse » ; et il souhaite qu'il y mêle des leçons pour les hommes faits et des instructions pour l'âge mûr. Voltaire était certainement au courant des projets de La Chalotais par une correspondance qui ne nous a pas été conservée. La Chalotais envoya son *Essai* manuscrit à Voltaire qui se mit à sa disposition pour s'occuper de l'imprimer et de le publier. Il est probable que La Chalotais représentait à Voltaire que le style de l'*Essai* lui semblait manquer d'un certain brillant. Voltaire le rassure et le met en garde contre les prétentions de certains écrivains[2]. Il lui fait une observation au sujet d'un livre qu'il citait, le livre du jurisconsulte Vattel ; La Chalotais supprima la citation[3]. Il

1. *Mémoires de Trévoux*, juin 1763 : « Il paraissait juste que le Magistrat qui avait excité avec tant d'ardeur le zèle du ministère public contre les abus et les vices de l'Éducation actuelle, proposât au moins un Plan esquissé de la Réformation qu'il avait sollicitée. »

2. Lettre de Voltaire, 28 février 1763 : « Je ne suis point du tout de votre avis sur le style : je trouve qu'il est ce qu'il doit être, convenable à votre place et à la matière que vous traitez. Malheur à ceux qui cherchent des phrases et de l'esprit, et qui veulent éblouir par des épigrammes quand il faut être solide. »

3. Ibid. : « Je ne sais pas pourquoi vous mettez le livre de M. Vatel au rang des livres nécessaires. Je n'avais regardé son livre que comme une copie assez médiocre, et vous me le ferez relire. » On sait que dans le *Droit des gens ou Principes de la loi naturelle appli-*

lui donne même un conseil pour la tenue matérielle du livre ; Voltaire était plus familier avec ces petits procédés d'auteur que ne l'était un Magistrat qui n'avait pas l'habitude des publications ; il lui conseilla de mettre en titre les matières que, dans son manuscrit, il avait mises en marge ; « cela, dit-il, délasse les yeux et repose l'esprit[1] » ; et La Chalotais le remercia de l'avoir encouragé dans ses travaux par une lettre du 11 mars[2].

II

C'était à la veille du jour où il allait déposer l'*Essai* au Parlement ; et fort de tels appuis, La Chalotais fit connaître au public son livre qui était destiné à tant occuper l'opinion. Mais ces circonstances ne contribuèrent pas à le rendre orgueilleux, comme elles auraient pu le faire pour un homme qui aurait été disposé à en profiter. Bien que nous nous trouvions en désaccord avec certains historiens[3], nous pensons que tout, dans l'*Essai d'Education Nationale,* révèle un caractère modeste.

qués à la conduite et aux affaires des nations et des souverains. Londres (Neufchâtel), 1758, 2 vol., Vattel résumait les ouvrages de Grotius et de Puffendorf ; suivant le conseil de Voltaire, La Chalotais cite ces derniers à la place où, sans doute, il avait parlé de Vattel (*Essai*, ch. xxv, p. 185).

1. Ibid.

2. Une note de Moland (édit. Garnier, t. XLII) nous apprend que cette lettre de La Chalotais est ainsi désignée dans un catalogue d'autographes : « Superbe lettre où il le remercie de l'avoir encouragé dans ses travaux. » « La Société des Jésuites penche vers sa fin. C'est le sort du fanatisme de tomber tout d'un coup dès qu'il est dévoilé. Je me sais bon gré de lui avoir porté quelques coups. »

3. M. Marion (*op. cit.*, p. 170-171, et note 1) parlant de La Chalotais, avant l'affaire des Jésuites, dit : « Ce qu'il ambitionnait par-

C'est d'abord le titre même de l'ouvrage. La Chalotais ne l'a pas intitulé comme beaucoup d'autres auteurs de projets, ou *Plan raisonné*[1], ou *Art de communiquer ses idées*[2], etc.; il le désigne seulement du nom d'*Essai*; et, deux ans après, les ennemis de La Chalotais tirent parti de ce titre, pour l'opposer à d'autres ouvrages de titre plus ambitieux[3]. Lui-même dit qu'il n'a pas eu en vue de faire un traité entier d'éducation « qui demanderait des vues plus approfondies[4] », « des hommes plus habiles et plus éclairés que lui[5] ». Il ne veut se donner que comme un éducateur d'occasion, et il n'oublie pas de conseiller la lecture des livres qui ont paru avant le sien; il en donne même la liste[6]. Un homme orgueilleux se garderait bien d'indiquer les sources auxquelles il aurait puisé, et présenterait son livre, comme pouvant remplacer les traités similaires. Au contraire, il déclare qu'il

dessus tout, c'était la gloire littéraire » ; et il ajoute en note : « Une certaine Madame Lem, qui a vécu dans son intimité, l'a dépeint à Brissot « comme un homme de peu de talent », cherchant tous les moyens d'attirer chez lui des gens d'esprit, se ruinant pour se faire prôner par eux, plein de vanité et dévoré du désir de se faire un nom. » Plus loin (p. 176, note), il dit : « L'orgueil de M. de La Chalotais s'étale naïvement dans plus d'un passage de ses Mémoires », et il cite un texte qui ne nous paraît guère probant. M. A. Le Moy pense aussi que La Chalotais a été « très occupé de son avenir et de l'avenir de tous les siens » (*Le Parlement de Bretagne et le Pouvoir royal au* XVIIIe *siècle*. Angers, 1909; Préface, p. XVI, et p. 233).

1. Colomb, *Plan raisonné d'éducation publique*.

2. C'est le titre d'un Plan d'Éducation composé, en 1751, par l'abbé de La Chapelle, et publié en 1763, avec des notes curieuses sur la réforme des Collèges.

3. *Compte rendu au Public des Comptes rendus*, etc., t. II, p. 355, note : « Me Morveau a donné un plan d'éducation ; Me Caradeuc n'a donné qu'un *essai sur l'éducation*. »

4. *Essai*, ch. II, p. 51

5. *Ibid.*, ch. XXIX, p. 203.

6. *Ibid.*, ch. II, p. 50-51.

n'a fait que commenter des hommes tels que Locke, Fleury, Nicole, et qu'il s'appuie sur leur autorité[1]. En somme, il estime son livre, comme simplement destiné à attirer l'attention sur des idées qui étaient répandues, qu'il jugeait bonnes et d'exécution facile. Il voulait provoquer la discussion, et recherchait des « éclaircissements[2] ». Il reconnaît qu'il ne donne que « les éléments de l'institution d'une Nation[3] », et qu'il ne conduit les jeunes gens qu'à la porte des sciences ; il est réservé à d'autres plus savants de les introduire dans leur sanctuaire[4]. Enfin, quand il présente son *Essai* au Parlement, ne dit-il pas : « J'ai mieux aimé vous offrir un ouvrage utile qu'agréable[5] » ? et, par là, il se montre soucieux de son époque ; différent, en cela, de Rousseau qui construisait dans l'éternel et dans l'abstrait, La Chalotais est simplement un homme pratique, écrivant un ouvrage approprié aux besoins, et issu des circonstances actuelles.

Ce Magistrat, devenu éducateur, était donc un modeste, quoi qu'en aient dit ses ennemis qui, le faisant passer pour un orgueilleux, cherchaient à le discréditer dans l'opinion[6]. Mais son ouvrage contenait, dans son titre, sinon une idée absolument nouvelle, tout au

1. *Ibid.*, ch. XXX, p. 214.
2. Registres secrets, audience du 24 mars 1763.
3. *Essai*, ch. XXIX, p. 203.
4. *Ibid.*, ch. XXX, p. 218, fin de l'ouvrage.
5. Registres secrets, ibid.
6. Nous avons le témoignage de l'avocat général Duparc-Porée, qui, dans son réquisitoire à propos des *Remarques sur un écrit...*, ouvrage des Jésuites, disait que ceux-ci lui attribuaient faussement « l'ambition, le désir de se faire un nom, l'envie de plaire aux grands littérateurs » (Registres secrets, audience du 27 avril 1762).

moins une expression qui devait contribuer à en faire le succès.

Ce traité porte sur l'Éducation Nationale ; ce terme de « Nationale » était nouveau, et devait attirer l'attention. Déjà, dans son second *Compte rendu,* parlant du transfert des facultés à Rennes, et disant que l'enseignement serait alors sous la protection des lois et la direction des magistrats, La Chalotais ajoutait qu'il deviendra « national [1] ». C'était son but constant de n' « envisager que le bien de l'État [2] ». Pour cela, il faut « une éducation qui ne dépende que de l'État, parce qu'elle lui appartient essentiellement, parce que toute Nation a un droit inaliénable et imprescriptible d'instruire ses membres [3] ». Il faut aussi que cette éducation n'admette pas les vues « arbitraires » des uns ou des autres, et qu'elle soit uniforme dans tout le royaume [4]. Aussi doit-on être en garde contre l'éducation « étrangère », comme le pensaient Lycurgue et Solon ; parce que cette éducation ne serait pas relative à la constitution et aux

1. *Comptes rendus*, p. 281.
2. *Ibid.*, p. 2 : « Le Ministère Public... n'envisage que le bien de l'État. »
3. *Essai...*, ch. I, p. 25.
4. *Ibid.*, *post-scriptum*, p. 220 ; p. 18. Le Parlement avait déjà eu l'occasion d'appliquer les principes du Procureur Général. La Communauté de Quimper avait demandé qu'après les premières nominations faites, elle eût seule à pourvoir aux nominations des Professeurs et Régents. La Chalotais s'y opposa, et la Cour fut de son avis (Registres secrets, audience du 7 août 1762), malgré une décision antérieure (arrêt du 17 juillet). De même la Cour rejeta la requête de la Communauté de Rennes (Ibid , audience du 23 août 1763). Combalusier (*Mémoire de l'Université de Paris*) pensait, avec les Parlementaires de Rennes, qu'il ne fallait pas laisser aux Officiers municipaux le choix des Maîtres.

lois de l'État. Ce serait donc un scandale de confier l'éducation à des hommes qui ne sont pas « membres de l'État » qui ne sont pas « citoyens [1] ».

Ce commentaire que La Chalotais donne du titre de son livre nous éclaire sur son véritable sens. La question est posée, non pas entre le monopole et la liberté, comme on pourrait le croire, non pas entre l'éducation publique et l'éducation particulière, mais, en fait d'éducation publique même, entre la Patrie et l'immixtion des idées étrangères [2]. La Chalotais ne voulait pas qu'un Français de son époque fût dépouillé des sentiments héréditaires de son pays au profit d'idées venues du dehors. Il est ce qu'on peut appeler un *nationaliste,* au sens ethnique et civique du mot ; il veut le respect et la conservation de la tradition nationale au moyen de l'éducation. C'est pour cela qu'il songe à une éducation d'État, par l'État et pour l'État.

Cette idée, fortement exprimée, par La Chalotais, dans le titre même de son livre n'était pas absolument

1. *Essai,* ch. I, p. 24. La Chalotais estime les prêtres de l'Oratoire, parce qu'ils « sont citoyens ». De plus, l'Oratoire était, comme on sait, en complète opposition avec les Jésuites, par son esprit et ses méthodes.

2. Voir Henri Martin, *Histoire de France,* t. XVI, p. 213, note. Cette interprétation de l'idée maîtresse de La Chalotais montre bien qu'il ne s'est pas contredit quand il a avancé (*Essai,* ch. II, p. 45 ; cf. Bonnet, *La Chalotais, son caractère et ses idées,* Rennes, 1882, p. 36) qu' « il n'est pas nécessaire que l'État gêne les particuliers ni la liberté des citoyens, qu'il doit seulement présider à tout, animer tout, lever les obstacles, donner des facilités, etc. ». Il n'y aurait pas non plus contradiction, pour La Chalotais, entre l'éducation publique et l'éducation particulière, si l'on avait de bons plans d'études, des livres élémentaires (*Ibid.,* p. 48), c'est-à-dire une unité de direction.

nouvelle en France. Si nous remontons dans le cours du XVIIIe siècle, nous la retrouvons chez certains éducateurs, dont La Chalotais a pu s'inspirer.

C'est d'abord chez l'abbé de Saint-Pierre. L'abbé, qui a reçu les éloges de La Chalotais[1], pensait que la jeunesse « doit prendre de fortes habitudes à la prudence et à la raison[2] », et avait confiance dans une bonne éducation pour rendre les hommes de notre Nation plus éclairés et plus vertueux[3]. Il faut, pour cela, que le gouvernement regarde comme une affaire de la plus grande importance le soin de mieux faire élever les enfants dans les Collèges[4], que chaque Université choisisse ce qu'il y aura de meilleur et de plus praticable dans les divers essais de tablatures, « pour en former une tablature générale[5] ». Frappé de la désolante diversité et de la fantaisie qui régnait dans l'organisation des Collèges de son temps, l'abbé demandait déjà que l'on créât un « Bureau perpétuel pour diriger perpétuellement l'Éducation de la jeunesse », et qui aurait pour mission de recueillir toutes les observations des Régents, afin de réaliser, autant qu'il sera possible, l'uniformité dans tous les Collèges du royaume, au besoin par la

1. *Essai*, ch. II, p. 51, note : « L'Abbé de Saint-Pierre, où il y a des choses excellentes sur les vertus morales et politiques... »

2. Abbé de Saint-Pierre, *Projet pour perfectionner l'éducation*. Préface (*Œuvres diverses*, 2 vol., 1730, t. I).

3. *Observations pour diriger ceux qui écrivent la vie des hommes illustres*. *Ouvrages de Politique*. Rotterdam, 1737, seize volumes, t. IV, p. 213-214.

4. *Projet pour perfectionner l'éducation* (*Œuvres diverses*, t. I, p. 87). Cf. *Projet pour perfectionner l'éducation des filles* (*Ibid.*, t. II, p. 92).

5. *Projet pour perfectionner l'éducation*, Objection XXVII et Réponse (*Œuvres diverses*, t. I, p. 260).

coercition[1]; et il souhaite que le Roi établisse ce Conseil pour diriger les Collèges[2]. C'était déjà l'idée chère aux Parlementaires de 1762.

Plus tard, dans un pamphlet qui attaque l'éducation monastique, on demande qu'on « élève enfin les enfants pour la Patrie et pour eux-mêmes[3] » ; on a le souci de l'éducation morale, sans laquelle les démocraties ne se maintiennent pas[4].

De même, en 1751, Duclos voit un intérêt pratique dans la réalisation d'une méthode uniforme d'éducation, qui ne sera pas exclusive des enseignements particuliers à chaque profession[5]. Comme La Chalotais, plus tard, il cite l'exemple des Anciens, dont l' « éducation, relative à l'État, en faisait, en partie, la constitution ».

1. *Projet pour perfectionner l'éducation*, Observation I (*Ibid.*, t. I, p. 88), et *Observation sur le dessein d'établir un Bureau perpétuel pour perfectionner l'Éducation publique des enfants dans les Collèges et dans les couvents*, n° XI (*Ibid.*, t. I, p. 160).

2. *Questions sur l'Éducation des Collèges* (*Ouvrages de Politique*, t. X, p. 202) ; *Projet pour multiplier les Collèges des filles* (*Ibid.*, t. IV, p. 268).

3. Ce pamphlet faussement attribué à Du Marsais (V. Compayré, *Histoire critique des doctrines de l'Éducation en France*, t. II, p. 167) avait paru en 1750.

4. *Encyclopédie*, article DÉMOCRATIE, par le Chevalier de Jaucourt.

5. *Considérations sur les mœurs de ce siècle*, ch. II : « On trouve parmi nous beaucoup d'instruction et peu d'éducation. On y forme des savants, des artistes de toute espèce ; chaque partie des lettres, des sciences et des arts y est cultivée avec succès par des méthodes plus ou moins convenables. Mais on ne s'est pas encore avisé de former des hommes, c'est-à-dire de les élever respectivement les uns pour les autres, de faire porter sur une base d'éducation générale toutes les instructions particulières, de façon qu'ils fussent accoutumés à chercher leurs avantages personnels dans le plan du bien général, et que, dans quelque profession que ce fût, ils commençassent par être patriotes... L'éducation devrait être générale, uniforme, et préparer l'instruction qui doit être différente, suivant l'état, l'inclination et les dispositions de ceux qu'on veut instruire. »

Aussi Duclos demandait-il à la place « des idées établies par le hasard, et qu'on suit avec confiance », une « éducation systématique », qui commencera par faire des patriotes. Voltaire ne disait-il pas aussi, vers la même époque, que l'instruction publique est une « œuvre de gouvernement »?

Quoique partisan de l'éducation domestique, Rousseau comprenait admirablement ce qu'a d'utile et de nécessaire l'éducation commune en vue de l'État. Il avait exposé ses idées à ce sujet, dans l'article *Economie politique,* paru en 1755, dans l'*Encyclopédie*[1]. Il y parle, en termes éloquents, des devoirs envers la Patrie ; pour lui, l'éducation publique est la plus importante affaire de l'État, car il faut exercer les hommes à « ne jamais regarder leur individu que par ses relations avec le corps de l'État » ; c'est pour cette raison que l'éducation importe à l'État encore plus qu'aux pères ; la famille se dissout, tandis que l'État demeure[2].

Enfin, à l'époque même de La Chalotais, l'idée d'une

1. *Discours sur l'Économie politique* (*Œuvres*, t. V surtout p. 30-34).

2. Même dans l'*Émile*, Rousseau revient sur cette idée, quand il fait l'éloge de Platon (livre I. *Œuvres*, t. III, p. 15 : « Voulez-vous prendre une idée de l'éducation publique, lisez la *République* de Platon... C'est le plus beau traité d'éducation qu'on ait jamais fait ») que, d'ailleurs, il cite très souvent (voir Édit. Musset-Patay, table générale, au mot : Platon). L'*Émile* est contemporain de l'*Essai* de La Chalotais ; mais si le *Discours sur l'Économie politique* a inspiré La Chalotais, Rousseau s'inspirera plus tard de celui-ci et de ses idées pédagogiques. Il lui emprunte le mot de « national ». Voir *Considérations sur le gouvernement de Pologne, et sur sa réformation projetée en avril 1772*, ch. IV : « C'est l'éducation qui doit donner aux âmes la forme nationale, et diriger tellement leurs opinions et leurs goûts, qu'elles soient patriotes par inclination, par passion, par nécessité. L'éducation nationale n'appartient qu'aux hommes libres ; il n'y a qu'eux qui aient une existence commune et qui soient vraiment liés par la loi » (*Œuvres*, t. V, p. 269).

Éducation Nationale était une de ces idées qui étaient « dans l'air ». Elle circulait dans les ouvrages et les brochures qui furent publiés à peu près à la même époque que l'*Essai*. Ainsi Rivard demandait une « Philosophie publique » pour réaliser l'union des esprits si désirable dans un royaume, à laquelle contribuerait la création d'une école pour les Maîtres[1]. Pour l'abbé Pellicier, « tous les enfants sont sujets de la Nation » ; il s'ensuit que « les principes de l'éducation, le langage même sur cette importante matière devraient être fixés par les lois[2] » ; et ne va-t-on pas jusqu'à proposer de n'admettre aux emplois publics que ceux qui prouveraient avoir fréquenté pendant deux ans les écoles de morale? Le Ministère public serait ainsi assuré qu'un jeune homme n'aurait reçu que des principes conformes à la constitution de l'État[3]. La même idée se retrouve dans le *Mémoire* que Combalusier publia au nom de l'Université de Paris, et où il demandait « un plan général pour élever toute la jeunesse de la Nation », avec la pré-

1. Rivard, *Réflexions sur les prix de l'Université*; et *Recueil de Mémoires... Ve Mémoire*. Cf. Rolland, *Plan d'éducation* (*Recueil*, p. 141).

2. Pellicier, *Mémoires sur la nécessité de fonder une École pour former les Maîtres selon le Plan d'éducation donné par le Parlement en son arrêt du 3 septembre 1762-1763. Premier mémoire, post-scriptum*; et *Deuxième mémoire*, note préliminaire, 25 octobre 1762. Cf. *Nouvelles ecclésiastiques*, 31 octobre 1763 : « Ce recueil, vraiment important .. ».

3 *Lettre de M*** à M. l'Abbé ***, Professeur de Philosophie en l'Université de Paris, sur la nécessité et la manière de faire entrer un Cours de Morale dans l'éducation publique* : Paris, Durand, 1762 : « On ne verrait plus, ajoute l'auteur (J. B. Daragon, professeur au Collège de Beauvais), tant de Français déchirer notre gouvernement qu'ils ne connaissent point, ou qu'ils connaissent mal ». Cette brochure que Barbier (*Dictionnaire des Anonymes*) date, par erreur, de 1767, est souvent citée et avec éloges (*Mémoires de Trévoux*, avril 1762, 2e vol. ; octobre 1762, 2e vol. ; *Journal Encyclopédique*, décembre 1762).

rogative exclusive de l'Université pour réaliser ce résultat[1].

Cette idée de l'Éducation Nationale, déjà incluse dans les écrits des éducateurs et des philosophes depuis plus de trente ans, trouve son expression véritable dans l'*Essai* de La Chalotais ; et, bien que tous les esprits ne l'aient pas encore pleinement comprise[2], c'est dans l'*Essai* que nous devons en chercher la première exposition. Nous verrons en quoi, tout en se rattachant à la tradition philosophique du siècle, La Chalotais a été original.

1. *Mémoire de l'Université de Paris*... : « Les enfants appartiennent à l'État... Tous les individus et toutes les familles doivent être formées sur le plan général de la grande famille qui les embrasse toutes... L'enseignement total et exclusif des lettres, sciences et arts doit lui (à l'Université) être dévolu sans exception pour établir une heureuse uniformité dans une matière si intéressante » (p. 5, 20).

2. Le chroniqueur des *Nouvelles ecclésiastiques* (31 octobre 1763) distingue l'éducation nationale de « l'éducation simplement dite », mais sans insister et sans soupçonner, sans doute, l'importance de l'épithète.

CHAPITRE V

L'ESSAI D'ÉDUCATION NATIONALE
LES IDÉES DIRECTRICES DU LIVRE, LE PLAN

Première partie : les principes généraux de la réforme de l'éducation.

I

Quand on lit l'*Essai d'Éducation Nationale*, on y rencontre disséminées, et sans que La Chalotais leur ait consacré un développement spécial, les grandes idées qui sont la caractéristique du XVIIIe siècle. Nous pensons devoir les indiquer ici, parce que c'est d'elles que se déduisent logiquement toutes les réflexions, toutes les critiques, tous les projets de l'auteur. C'est d'abord la glorification de l'expérience, qui est le premier et le plus grand maître, peut-être le seul, pour la conduite de la vie et des affaires [1]. « C'est l'expérience seule qui peut former les hommes » [2]; elle rend plus faciles les vérités qu'on veut apprendre, parce que ce sont des

1. *Essai*, ch. XXIV, p. 175.
2. *Ibid.*, ch. II, p. 14.

« vérités sensibles »[1]. L'expérience est aussi un moyen de preuve et d'argumentation; elle est « la meilleure leçon »; « contre elle on philosopherait en vain »[2]. C'est, en effet, à elle que La Chalotais fera appel quand il soutiendra, avec Locke et Condillac, que l'esprit est à la naissance, une « capacité vide »; c'est l'expérience qui prouve l'accord de la science et du bonheur, la force de l'éducation, la valeur de l' « application » pour réaliser des perfectionnements, thèses qui étaient chères, comme nous le verrons, à tous ceux dont La Chalotais s'est inspiré[3].

En second lieu, chez La Chalotais se manifeste la tendance utilitaire. « La considération est attachée à l'avantage de faire du bien aux hommes et de leur être utile »[4], et quand on songe aux découvertes faites au cours des siècles, il ne faut pas penser seulement aux découvertes de la science, mais aussi à celles qui ont été faites « dans tous les arts et dans tout ce qui peut être utile au genre humain »[5]. Naturellement, ce souci de l'utilité doit se retrouver dans les études qui ont pour but de nous apprendre à « faire usage de notre raison dans les différentes fonctions de la vie »[6]. Aussi, au lieu des choses inutiles doit-on rechercher l'étude « des arts qui ont le plus de rapport à nos besoins »[7], les mé-

1. *Ibid.*, ch. XII, p. 130.
2. *Ibid.*, ch. III, p. 60, 53. Cf. *Comptes rendus*, p. 138 : « L'expérience, la maîtresse des hommes et des rois, qui subjugue les préjugés et les préventions et les raisonnements. »
3. *Ibid.*, ch. I, passim.
4. *Ibid.*, ch. XXIX, p. 212.
5. *Ibid.*, ch. XXIV, p. 173.
6. *Ibid.*, ch. IX, p. 107.
7. *Ibid.*, ch. XII, p. 129-131.

thodes susceptibles de s'appliquer à la pratique de la vie, aussi bien qu'aux connaissances[1].

Enfin, La Chalotais est tout pénétré de l'idée de Progrès. Il reconnaît l'influence qu'a sur l'esprit et l'action la conception de la perfection; grâce à elle, on va loin[2]. Et, quand il lui arrive de comparer son siècle aux siècles passés, il le fait avec la modération d'un homme convaincu de la valeur des perfectionnements qu'il a sous les yeux, mais sachant aussi reconnaître la valeur de ce qui a été avant lui. Ainsi, les Anciens ont raisonné aussi bien que nous en fait de Politique, de Morale Civile, de Lois, et nous n'avons pas de peintres et de poètes meilleurs que Raphaël ou Homère. Mais le XVIIIe siècle, caractérisé par l'efflorescence de l'esprit philosophique, est supérieur aux siècles précédents, parce que nos connaissances sont plus étendues, plus exactes ; notre expérience est plus grande ; et La Chalotais cite les découvertes qui ont été faites dans tous les genres, dans les sciences, grâce aux voyages, à l'industrie, grâce aux rapports que l'on conçoit entre les diverses connaissances ; et tous ces progrès ont été réalisés, bien que, parfois, ils aient été arrêtés ou compromis par les systèmes de philosophie, l'abus des idées abstraites et les querelles théologiques[3].

1. *Ibid.*, ch. XX, p. 161.

2. *Ibid.*, ch. XXIV, p. 177. Peut-être ici La Chalotais se souvient-il de Fontenelle, *Dialogue des morts*, dialogue de R. Lulle et Artémise (*Œuvres*. Paris, 1766, t. I, p. 140-144).

3. *Ibid.*, ch. XIX, p. 150-154 ; ch. XX, p. 158. Dans le *Post-Scriptum* (p. 218) La Chalotais estime, chez l'auteur de l'*Éducation Publique*, son idée de tirer des lignes de communication d'une science à l'autre ; c'est l'idée de la solidarité des sciences qui, pour les Cartésiens

Expérience, utilité, Progrès, telles sont les idées qui animent le traité de La Chalotais, dont nous allons donner l'analyse.

II

Quel est le plan général de ce livre, qui ne comprend que deux cent vingt-trois pages, et même moins dans la première édition, qui est, cependant, rempli d'idées nouvelles et de vues originales ? La Chalotais ne s'est pas préoccupé de diviser son traité en sections et sous-sections. Si même nous en croyons Voltaire [1], il se serait contenté de mettre en marge les titres des chapitres, de telle sorte que le livre se serait présenté d'une façon continue. Il l'a divisé en trente chapitres de grandeur inégale ; mais, nous pouvons, dans cet ensemble, retrouver des divisions essentielles qui serviront à mettre de la clarté dans notre exposition.

Dans une première partie (chap. I-II), La Chalotais fait d'importantes « réflexions préliminaires, » et critique l'éducation de son temps.

Une seconde partie (chap. III-VIII) est consacrée aux « Principes d'un Plan d'Études », et à l'éducation du premier âge jusqu'à dix ans.

La troisième partie (chap. IX-XVII) traite de l'éducation du second âge ; c'est la plus développée, et celle

et tous les penseurs du XVIIIe siècle, était connexe de l'idée de Progrès.

1. Voir la lettre de Voltaire à La Chalotais du 28 février 1763, citée plus haut.

où La Chalotais expose ses idées les plus importantes.

Dans une quatrième partie (chap. XVIII-XXVII), s'élevant à des considérations plus générales, il traite de la Critique et de la Logique, de la Métaphysique, de l'Esprit Philosophique, — de la Morale, à laquelle il rattache ce qui se rapporte à la Religion, — et du soin de la santé.

Dans la cinquième partie (chap. XXVIII-XXX), après être revenu sur les abus de l'éducation actuelle, il parle des conséquences du plan proposé et des moyens de l'exécuter.

Telle est l'ordonnance générale de l'*Essai*, dans lequel nous introduisons des divisions qui paraîtront justifiées au lecteur.

III

Dans la première partie de son livre (chap. I-III), La Chalotais expose les idées générales relatives à l'éducation, et les raisons qui lui paraissent justifier son entreprise.

Il rappelle d'abord les circonstances dans lesquelles il pense nécessaire de présenter à la Cour — et au Public — un nouveau Plan d'Études ; les événements récents, auxquels le pays a été mêlé, parlent assez d'eux-mêmes. Il se montre absolument convaincu de la valeur de l'éducation, et du pouvoir de la science. Dans un *Compte rendu*, il avait déjà fait allusion à cette thèse qui était celle du siècle des lumières et de la Raison, où il vivait[1] ; et il se souvient certainement des affirmations qu'Helvétius avait posées, il y avait juste quatre ans, dans son livre *De l'Esprit*. Celui-ci, en effet, n'ayant aucun doute sur « la nouveauté de l'opinion[2] » qu'il émettait, avait essayé de montrer que l'inégalité d'esprit dépend uniquement de l'éducation différente qu'on reçoit, et que « l'éducation nous fait ce que nous sommes[3] ». La Chalotais ne pousse pas jusqu'à l'extrême cette idée de la valeur de l'éducation, car, pour lui, la nature met de la différence entre les hommes, bien que l'éducation en mette peut-être davantage[4].

Mais, en quoi l'éducation, la science, ont-elles cette valeur ? Pour en faire l'apologie, La Chalotais se place au point de vue de l'utilité. Déjà Helvétius, avec tout le XVIIIe siècle, renouvelait la thèse socratique de l'identité de la vérité et du bien ; et il avait « senti ce qu'une bonne éducation répandrait de lumières, de vertus, et

1. *Comptes rendus*, p. 275 : « Vous savez quel est le pouvoir de l'éducation. »

2. Helvétius, *De l'Esprit*, discours III, ch. XXVI (t. II, p. 306).

3. *Ibid.*, discours III, ch. XXX (t. II, p. 362); et ch. XXV (t. II, p. 305). — Le quatrième discours de l'*Esprit* est « comme le chapitre préliminaire de quelque traité d'éducation » (A Keim, *Helvétius*, Paris, 1907 ; p. 291); et Helvétius a repris son paradoxe dans le traité *De l'homme*, 1771, que réfuta Diderot (*Réfutation suivie du livre d'Helvétius sur l'Homme*, 1773-74).

4. *Essai*, ch. I, p. 6, où La Chalotais montre ce que la culture ajoute à la nature. A part le livre d'Helvétius qui avait fait grand bruit (Grimm, *Correspondance*, 15 août 1758 ; t. V. p. 29), et qui avait la réputation d'avoir « pour but l'utilité publique » (*Journal Encyclopédique*, août et septembre 1758), La Chalotais connaissait peut-être une *Lettre sur l'Égalité des esprits*, et l'*Examen des critiques du livre intitulé de l'Esprit*, Londres 1760, dus à Ch. Georges Leroy qui prit parti pour Helvétius contre les attaques des journalistes de Trévoux (*Mémoires de Trévoux*, septembre 1758).

par conséquent, de bonheur dans la société[1] » ; La Chalotais dit aussi : « L'ignorance nuit à tout[2]. » En passant, il réfute le paradoxe de Rousseau sur l'inutilité ou le danger des sciences[3] ; il le traite un peu par le mépris, et se contente d'affirmer que le peuple le plus éclairé aura de l'avantage sur ceux qui le seront moins ; l'instruction le rendra meilleur par l'industrie, peut-être même à la guerre, par son administration et sa discipline. Il y a concordance entre l'ignorance et le vice, comme le prouve l'expérience des siècles ; au contraire, la science doit mener les hommes à la vertu. C'était là un problème qui était discuté depuis le premier *Discours* de Rousseau, et nous trouvons des allusions qui y sont faites autour même de La Chalotais[4]. Celui-ci prit position dans l'*Essai*, et il montra la valeur de l'exercice, de l'application, de l'apprentissage[5]. Il juge bon d'insister, pour ne pas produire le découragement qui menace d'envahir même les bons esprits.

1. Helvétius, *De l'Esprit*, discours III, ch. XXX (t. II, p. 362). Cf. *Ibid.*, discours IV, ch. XVI (t. III, p. 257), et *Le Bonheur*, poème, chant IV (*Œuvres complètes*, Londres, 1781, 5 volumes; t. V, p. 117). « Compagne des vertus, sublime Vérité ! »

2. *Essai*, ch. I, p. 3.

3. *Ibid.*, La Chalotais dit : « Abandonnons tous les paradoxes sur l'inutilité ou le danger des sciences. » Il fait, sans doute, allusion à tous les produits de la « littérature sauvage », qu'on avait vu éclore, après et même avant le *Discours* de Rousseau.

4. Cette idée rencontrait une certaine opposition ; on voudrait laisser à la Nature seule le soin de perfectionner les talents qu'elle donne (*Voir Journal Encyclopédique*, décembre 1763, à propos du *Discours sur l'Éducation* de Vicaire). Cf. le P. Navarre, *Discours...*, p. 21 : « Les mœurs seront-elles moins pures parce que la raison sera plus éclairée ? »

5. *Essai*, ch. I, p. 6 : « L'application sans talent ne fera que des hommes médiocres ; le talent sans application ne produira jamais des hommes supérieurs. »

L'expérience démontre la valeur de l'éducation ; et puisqu'il y a un art de changer la race des animaux, on doit soutenir, par analogie, qu'il doit y en avoir un pour perfectionner celle des hommes ; c'est cette « institution » qui peut nous conduire à la perfection. Il faut reconnaître que parfois des âmes supérieures ont brillé dans les siècles de barbarie ; mais la nature n'est que rarement capable de cet effort, et c'est l'effet du génie. Un éducateur, un homme politique, comme La Chalotais, épris de son siècle, et voulant lui être utile, songe à faire naître, non quelques génies épars, mais plutôt des esprits utiles à la Nation. Il faut songer à la vie et à l'État ; et c'est pourquoi la question des Collèges est importante pour sa constitution même ; car il faut donner aux jeunes gens les moyens pour travailler à leur bonheur, à celui de la société, et pour « remplir avec succès les différentes professions de l'État[1] ». Or, il est un fait : « la jeunesse quitte le Collège sans avoir presque rien appris qui puisse lui servir dans les différentes professions[2] ».

Notre éducation, conclut La Chalotais, n'est donc pas ce qu'elle doit être ; mais pour ne pas se borner à cette argumentation purement théorique, il évoque des faits patents et critique l'éducation de son temps.

IV

C'étaient des critiques connues ; nous les avons rap-

1. *Essai*, ch. I, p. 2, 13-14 et ch. II, p. 33.
2. *Ibid.*, ch. I, p. 16.

portées plus haut, en ouvrant ce qu'on pourrait appeler le dossier des doléances pédagogiques de l'époque. Malgré cela, La Chalotais croit devoir signaler les défauts de l'éducation, afin de mieux ordonner les remèdes convenables.

Il reconnaît d'abord que les lettres étant « dans un État, la source et l'appui des vertus humaines et civiles », il y a une disproportion alarmante entre les richesses scientifiques du siècle et l'état des études dont les objets sont mal fixés et qui, bonnes tout au plus à faire des lettrés, ne s'intéressent qu'à des futilités. Ces études longues, difficiles, le sont rendues encore plus par la pénurie des Livres élémentaires[1] ; or, il faut faciliter le travail de l'élève, et, mieux que tous ses contemporains, La Chalotais remarque que tout le travail retombe sur les enfants, trop nombreux dans chaque classe[2]. Les Collèges se laissent même devancer par des écoles de province où l'on ne craint pas les innovations et nous restons enfoncés dans la barbarie des siècles passés avec notre éducation toute scolastique[3].

En quoi cette éducation est-elle restée scolastique ? Le plus grave défaut de l'éducation des Collèges c'est que, presque nulle part, on n'acquiert une connaissance suffisante de notre langue (à peine quelques Etudiants savent-ils écrire une lettre), parce que l'on se borne à l'étude de la langue Latine qui même a été si mal étudiée

1. *Ibid.*, ch. I, p. 14, 9.

2. Guyton de Morveau fera la même observation (*Mémoire*, p. 312) : « La plupart des Maîtres, contents de présider aux écoles, rejettent absolument tout le travail sur les élèves. »

3. *Essai*, p. 10-13 ; cf. ch. II, p. 49 ; ch. III, p. 64 ; ch. XXVI, p. 187.

qu'il faut l'apprendre de nouveau[1]. C'était, on s'en souvient, le principal grief de tous les éducateurs contre les Collèges quels qu'ils fussent[2]. En outre, on n'y apprend qu'une Philosophie abstraite, inutile dans la vie ; on ne sait plus raisonner ni discerner le vrai d'avec le faux ; les artifices du syllogisme ne sont pas plus utiles aux Maîtres qu'aux élèves[3]. Quant à la Religion, dont La Chalotais se soucie en gallican résolu et qu'il comprend à la façon des Oratoriens, elle n'est pas enseignée avec soin dans les Collèges ; et quand on les quitte, on n'en emporte pas les premiers éléments ; on est habitué aux « petites pratiques de dévotion » ; mais ce n'est pas là la vraie Religion qui ne demande ni congrégations, ni confréries, ni conventicules, ni l'étude mal faite du Catéchisme de Canisius[4].

Tout notre mal vient, selon La Chalotais, de ce qu'on a toujours pensé que les Moines et les Prêtres doivent administrer les Collèges. De ce que les seuls Ecclésiastiques puissent apprendre le Catéchisme, est-il nécessaire d'admettre qu'ils doivent aussi enseigner le Français et le Latin ? Et comme on se plaint qu'on manque de Prêtres pour le ministère ecclésiastique, surtout dans les campagnes, pourquoi leur créer, dans les cités, de

1. *Ibid.*, ch. I, p. 15-17.
2. Voir Colomb, *Plan raisonné*... ; cf. *Journal Encyclopédique*, octobre 1762, et *Journal des Savants*, janvier 1763.
3. *Essai*... Cf. ch. XX, p. 160 ; et ch. XIX, p. 149 : « Souvent ceux qui ont enseigné cet art (l'art de raisonner) raisonnent le plus mal. »
4. *Ibid.*, p. 17, 20, 23. Canisius, théologien hollandais (1524-1597) subit l'influence de Pierre Le Fèvre, disciple de Loyola, et entra lui-même dans la compagnie de Jésus ; il a publié *Parvus Catechismus Catholicorum* (Anvers, 1561).

nouvelles situations pour lesquelles ils ne sont nullement indiqués[1] ? Ces observations de La Chalotais renferment la grande idée nouvelle qu'il avait apportée dans les *Comptes rendus* sous sa forme polémique et qu'il reprend ici sous une forme dogmatique ; il attaque fortement l'éducation monacale et il réclame en faveur de la sécularisation de l'éducation. La Chalotais n'a pas de haine contre la Religion ni contre ceux qui l'enseignent. Il reconnaît qu'il y a, dans les Universités et dans les Académies, des Ecclésiastiques très instruits et très capables d'instruire. Mais n'est-il pas absurde de penser que des laïques, des gens mariés ne peuvent pas élever des enfants ? « Il semble qu'avoir des enfants soit une exclusion pour pouvoir en élever[2]. » Et pour être à même plus tard de montrer ce que doit être « l'éducation civile » donnée par des « citoyens », il insiste sur les inconvénients de l'éducation monastique. Les Réguliers ne songent qu'à eux et à leur ordre, nullement à l'utilité générale ; l'éducation est chez eux d'une uniformité claustrale, tandis qu'elle devrait être diversifiée ; les enfants sont soumis à une vie sédentaire et monotone, sans nul divertissement, à un régime despotique, et tout ce qu'on apprend se borne à de subtiles disputes, à de vaines chicanes ; mais on ne sait rien sur les vertus morales et politiques, rien sur la vie et ses devoirs, rien sur ce qui

1. *Ibid.*, ch. I, p. 21-24. « Le bien de la société exige manifestement une éducation civile. »

2. *Ibid.*, p. 21, cf. la même idée dans Rolland, *Plan d'Éducation* : « A qui persuadera-t-on que des pères de familles qui éprouvent un sentiment que n'a jamais dû connaître un ecclésiastique seront moins capables que lui d'élever des enfants ? »

fait « le fondement de la société civile ». La jeunesse, à laquelle on n'apprend même pas le soin de sa santé, ignore le monde qu'elle habite, la terre qui la nourrit[1].

Enfin, La Chalotais se place à un point de vue plus théorique en rappelant une idée familière aux penseurs ses amis. Au moment où tous les hommes distingués dans les sciences sont des laïques[2] qui reconnaissent entre toutes les sciences des rapports, permettant de les mieux saisir[3], continuera-t-on à s'inspirer des principes de ceux qui mettent entre les sciences « un mur de séparation » et les regardent « comme des pays différents où l'on fait successivement voyager les jeunes gens »[4] ?

L'état actuel des études montre suffisamment qu'une réforme est nécessaire ; si nous nous comparons avec les étrangers, avec les Allemands, les Anglais ou les Hollandais, nous constaterons notre infériorité ; et cela seul, plus que toutes les critiques qui ont été formulées, montre encore qu'une réforme est possible. D'abord parce qu'on doit avoir confiance dans la Nation Française. « Elle sera tout ce qu'elle voudra être, tout ce qu'on

1. *Ibid.*, ch. I, p. 25-31.
2. La Chalotais estime cette remarque « importante » ; cf. *Comptes rendus*, p. 122-126, où il a dit que les Jésuites n'ont produit de savants d'aucun ordre.
3. *Ibid.*, ch. I, p. 31 : « Les vérités ont toutes un rapport entre elles. Elles sont plus aisées à saisir lorsqu'on a des points de jonction ; il est essentiel de les rapprocher les unes des autres, afin de les mieux reconnaître, puisque c'est ordinairement le caractère des erreurs, d'être isolées et inconséquentes. » La même idée se retrouve dans Rolland (*Plan d'Éducation*, p. 18), qui l'applique à la correspondance entre les Collèges, et à l'association des Facultés.
4. *Ibid.*, p. 31 ; cf. ch. XIX, p. 150.

voudra qu'elle soit[1] » ; ensuite, parce qu'il suffit de mettre à la portée de tous les connaissances que nous possédons et de profiter des circonstances heureuses où nous nous trouvons[2]. Nous sommes capables d'avoir une éducation reposant sur « un système lié des connaissances humaines », ayant un objet d'application[3] et visant à la pratique, à la vie réelle, au lieu d'une éducation verbale[4]. Elle exigera un travail assidu, mais la Nation en retirera un fruit. En cela elle pourra être dite « Nationale ».

V

Cette éducation ainsi caractérisée dans ses grandes lignes, à qui doit-elle s'adresser? Quelle doit être son étendue? C'est l'important problème que La Chalotais aborde dans le chapitre II de l'*Essai*.

La Chalotais veut se tenir à égale distance des opinions extrêmes. On répète trop facilement que l'éducation étant un bien, on ne saurait trop multiplier les Collèges ; c'était l'opinion de beaucoup d'administrateurs, tels que des Officiers royaux et municipaux qui deman-

1. *Ibid.*, ch. II, p. 44.
2. *Ibid.*, ch. I, p. 9-10.
3. *Ibid.*, ch. I, p. 32, 27.
4. Rousseau avait déjà protesté contre cette éducation verbale. Voir Préface de *Narcisse* (*Œuvres*, t. X, p. 272) : « Nous savons toutes les règles de la grammaire avant que d'avoir ouï parler des devoirs de l'homme ; nous savons tout ce qui s'est fait jusqu'à présent avant qu'on ait dit un mot de ce que nous devons faire ; et pourvu qu'on exerce notre babil, personne ne se soucie de ce que nous devons faire. »

daient la conservation ou la création d'un Collège, parce qu'il était une source de revenus pour les habitants qui logeaient les écoliers, et un moyen pour la « consommation des denrées[1] ». D'autre part, on dit aussi trop facilement que, les Collèges étant mal dirigés, on doit les supprimer. Il y avait des contemporains de La Chalotais qui se souvenaient de l'opinion que Richelieu avait exprimée, dans son *Testament* ; mais on s'inspirait surtout des idées de Rousseau, mal comprises et poussées à l'extrême, sans tenir compte des explications qu'il avait lui-même données[2] ; et l'on protestait contre toute éducation. N'avait-on pas même attribué cette opinion à La Chalotais[3] ? Elle n'était pas la sienne. Mais il n'admet pas que l'éducation soit donnée à tout le monde. Bien qu'il montre un certain souci de la situation économique des laboureurs et des artisans[4], il se plaint de ce que « le Peuple même veut étudier ».

1. Voir les *Comptes rendus* de Rolland sur les Collèges de la Flèche et de Poitiers (*Recueil*, p. 541, 693), de Terray, de Roussel de la Tour, etc.

2. Voir les idées qu'on attribuait à Rousseau, qu'il rapporte dans la Préface de *Narcisse* (*Œuvres*, t. X, p. 270) et qu'il explique là même (p. 278 : « Mon avis est de laisser subsister et même d'entretenir avec soin les académies, les collèges, les universités, les bibliothèques... »), ainsi que dans sa *Réponse au Roi de Pologne* (*Œuvres*, t. I, p. 119).

3. Le duc d'Aiguillon rapporte l'anecdote suivante (*Journal du Commandement*, III, 25, cité par Marion, *op. cit.*, p. 170, note 1) : « A quoi sert, disait-il un jour dans un cercle respectable, d'apprendre à la jeunesse le latin, les sciences, les arts et la religion ? — Eh ! que voulez-vous donc qu'on lui apprenne ? répartit une dame de la plus haute distinction. — A faire des enfants, Madame, à faire des enfants ! »

4. *Essai*, ch. XIII, p. 132 (à propos des études de Géographie économique) : « Il (l'enfant) verra dans la suite comment on leur ôte ce pain qu'ils gagnent avec tant de peine ; et comment une portion des hommes vit aux dépens de l'autre. »

Depuis quelques temps, en effet, depuis la Déclaration du Roi du 14 mai 1724[1], on avait fait beaucoup de réformes[2], et nous savons que les idées scientifiques s'étaient peu à peu répandues, non seulement chez les femmes, mais aussi chez les gens du peuple[3]. La Chalotais voyait avec une certaine appréhension cette extension des connaissances ; et il se plaint de ce que les laboureurs envoient leurs enfants dans les Collèges de petite ville, où il en coûte peu pour vivre. Les Collèges, très nombreux[4], étaient accessibles à une population relativement peu fortunée[5] ; et La Chalotais craignait que, plus tard, ces jeunes gens, dégoûtés des humbles métiers de leurs pères, ne se jettent dans les cloîtres ou ne deviennent des Sujets nuisibles à la société. Plus

1. Art. V : « Nous voulons qu'il y ait, autant qu'il sera possible, des maîtres et des maîtresses d'écoles dans toutes les paroisses où il n'y en a point,... pour y apprendre à lire et à écrire à *ceux qui pourront en avoir besoin...* »

2. Duclos, *Mémoires...* (*Œuvres*, t. X, p. 33).

3. Voir les témoignages de l'abbé Dubos (dans Brunetière, Formation de l'idée de Progrès, *Études critiques sur l'histoire de la littérature française*, 5e série, p. 234). Dans un écrit anonyme du milieu du XVIIIe siècle (*Essai sur la voirie et les ponts et chaussées*), faussement attribué à Duclos, on signale « la manie que l'on a de ne plus engager aucun domestique qui ne sache lire, écrire et calculer « (voir Brunetière, dans la *Revue des Deux Mondes*, 15 octobre 1879, *Revue littéraire*, p. 943 et suiv.).

4. A. Silvy (*Les collèges en France avant la Révolution*. Paris, in-8, 1885) les évalue à neuf cents au minimum, et dit que son enquête n'est pas encore terminée. D'après Villemain (*Rapport au Roi sur l'enseignement secondaire*. Paris, 1834), le nombre des élèves était de 72747, soit un élève par 832 habitants (voir Allain. *La question d'enseignement en 1789, d'après les Cahiers*. Paris. 1886).

5. Voir Marmontel, *Mémoires*, livre I (*Œuvres*. Paris, 1819, 18 vol., t. I, p. 16) ; cf. Taine (*Les Origines de la France contemporaine*, t. X, p. 33, note), qui cite La Chalotais, et ce passage de l'*Essai* ; et Villemain, *op. cit.* : « Avant 1789, l'instruction classique, plus recherchée par le goût et l'habitude des classes riches, était en même temps plus accessible aux classes moyennes et pauvres. »

tard, on ne trouvera plus d'enfants pour être matelots[1]; et c'est la faute aux Frères de la Doctrine Chrétienne qui enseignent à lire à des gens qui devraient manier le rabot et la lime. La Chalotais veut limiter les connaissances, pour le bien même du peuple. « Le bien de la Société demande que les connaissances du Peuple ne s'étendent pas plus loin que ses occupations. Tout homme qui voit au delà de son métier, ne s'en acquittera jamais avec courage et avec patience[2] » ; s'il y a peu de Collèges, ils seront bons ; s'il y a moins d'Étudiants, ils seront mieux instruits ; et si chacun s'attache à sa profession, si le gouvernement prend ce souci, on n'aura pas à craindre ce que, dans notre langage moderne, nous nommons des « déclassés »; des contemporains de La Chalotais le redoutaient autant que lui[3].

1. *Essai*, ch. II, p. 37. Ce devait être une opinion courante en Bretagne ; nous l'avons déjà vue énoncée et réfutée dans le Mémoire des Officiers municipaux et des Juges royaux de Brest. — Dans l'écrit anonyme que nous avons signalé plus haut (*Essai sur la voirie et les ponts et chaussées*) on lit : « Tous les enfants de laboureurs se faisant moines, commis des fermes ou laquais, il n'est pas étonnant qu'il n'en reste plus pour le mariage et pour l'agriculture. »

2. *Ibid.*, *Ibid.*

3. *Ibid.*, p. 38, 42, 45. Cf. Duclos, *Mémoires sur sa vie* (*Œuvres*, t. X, p. 14) : « Beaucoup de fils de paysans, préférant avec plus de raison pour eux que d'avantage pour l'État, le métier de prêtre à celui de laboureur, venaient tous les jours d'une demi-lieue et plus au Collège, avec un morceau de pain dans leur poche pour leur dîner, et retournaient le soir chez eux l'hiver comme l'été, et quelque temps qu'il fît. Quand ils avaient fini leurs humanités, les plus instruits d'entre eux, pour s'exempter de retourner journellement chez leurs pères et les décharger aussi d'un inutile à leurs travaux, cherchaient à se placer dans quelque maison où l'on voulut leur donner un enfant à préparer aux études. » Mercier (*Tableau de Paris*, t. V, p. 202 et suiv.) : « Ces Collèges versent sur le pavé de Paris une multitude d'inutiles sujets qui, avec une éducation ébauchée, vont corrompre tous les états où ils se glissent. » Cf. aussi Fleury, *Traité du Choix et de la Méthode des Études*, ch. XXIII, p. 169 et suiv.

Malgré une légère atténuation[1] à cette opinion qu'il avait certainement rencontrée dans le *Traité* de l'abbé Fleury[2], La Chalotais prétend réserver l'éducation des Collèges à une élite, et en exclure la masse même du Peuple. Cette opinion surprend assurément chez un esprit comme La Chalotais ouvert à toutes les nouveautés et qui avait déjà donné les preuves d'une certaine hardiesse de pensée. On l'expliquerait chez un homme que sa grande fortune porterait à se mettre au-dessus de ceux qui ne sont pas dotés des mêmes avantages. Ce n'était pas le cas pour La Chalotais qui était loin d'être riche comme la plupart de ses collègues du Parlement[3]. Mais, tous les Parlementaires bretons appartenaient à la Noblesse[4]; il y avait, en eux, un certain orgueil et un préjugé de caste, qui les amenait à craindre l'accession des roturiers à des emplois qui ne leur semblaient pas faits pour eux; et, malgré tout, un pareil sentiment étonne chez un homme qui nous a paru plutôt modeste dans l'exercice de ses fonctions.

D'ailleurs, cette question, que nos idées modernes nous dispensent même de poser aujourd'hui, était discutée à l'époque de La Chalotais. Celui-ci n'était pas le

1. *Essai*, ch. II, p. 45: « les Paysans... ne doivent pas être négligés dans une Institution. »

2. Fleury (*Traité*, ch. II, p. 10) pensait que, pour se livrer aux études, il faut de l'esprit, de la politesse, du loisir, n'avoir pas le souci des nécessités de la vie, et avoir l'occasion d'être utile à tous les autres. Selon lui (*ibid.*, ch. XXIII, p. 174) « les pauvres peuvent, pour la plupart, se passer de lire ni d'écrire. »

3. B. Pocquet, *op. cit.*, t. I, p. 165; Le Moy, *op. cit.*, p. 22 et 27.

4. Le Moy, *ibid.*, Introduction, ch. II.

seul à résoudre ce problème par la négative[1]. L'auteur des *Lettres sur l'éducation* qui venaient de paraître, fait une exception pour Paris, mais redoute que l'instruction se généralise[2], et le nouvelliste qui apprécie son livre trouve que cet endroit est un des meilleurs de l'ouvrage[3]. Voltaire approuve la façon de voir de La Chalotais. Après avoir lu l'*Essai* en manuscrit, il écrit à l'auteur : « Je vous remercie de proscrire l'étude chez les laboureurs[4] » ; il veut des manœuvres et non des clercs tonsurés, mais il admettait les Frères Ignorantins dont La Chalotais méconnaissait les services.

L'opinion contraire avait aussi ses partisans. Dès 1759, l'auteur du *Tableau du siècle* critiquait les « spéculatifs » qui proscrivaient l'étude, comme empêchant la soumission du peuple, ou le portant à négliger les arts mécaniques ; il montrait que l'expérience donne un démenti à ces craintes mal fondées[5]. Mais des voix plus

1. Allain, *La question d'enseignement...*, p. 5 : « C'est un cri général, dans les vingt-cinq dernières années de l'Ancien régime, que l'enseignement classique est trop répandu en France, que des moyens trop nombreux sont offerts aux gens du petit peuple pour sortir de leur condition « que tout le monde veut étudier », qu'on ne trouvera bientôt plus de laboureurs ni d'artisans. Tel est le langage de Voltaire, de La Chalotais, de bien d'autres encore. » Il y a une certaine exagération dans ces derniers mots, comme nous le montrons dans la suite.

2. « Étendre les instructions superflues, porter jusque dans les campagnes les commodités d'une éducation recherchée, c'est tout détruire, pour vouloir tout favoriser. »

3. *Journal Encyclopédique*, novembre 1762.

4. Lettre à La Chalotais, 28 février 1763. Plus tard, Louis Philipon de la Madeleine, avocat du Roi près le bureau des finances de Besançon, soutiendra l'opinion de La Chalotais, dans ses *Vues patriotiques du peuple tant des villes que des campagnes*. Lyon, 1783, in-12, 340 pages ; et les Cahiers en la ville de Marseille adopteront ses « vues patriotiques ».

5. *Tableau du siècle*, par un auteur connu. Genève (Paris), 1759.

autorisées que cet anonyme plaidaient la cause de l'instruction. D'Alembert, répondant à la *Lettre sur les spectacles* de Rousseau, pensait que, « le genre humain doit gagner à s'instruire », et que « la lumière est trop inégalement répandue, resserrée et concentrée dans un trop petit nombre d'esprits[1] ». Et, plus près de La Chalotais, des éducateurs de profession avaient une toute autre opinion que lui sur les conséquences de l'instruction. Combalusier, dont nous avons déjà cité le *Mémoire*, ne dissimulait pas certaines craintes ; mais pour lui, il faut cependant que « tout ce peuple qui fait la force de la Nation ait été convenablement instruit dans les Pédagogies »; « la porte des sciences et des beaux-arts doit être ouverte à tout le monde »; et l'État doit faire fructifier tous les germes qu'il trouvera dans le bas peuple et dans les campagnes, en chargeant ses Principaux et les Juges de découvrir les sujets distingués pour leur faciliter l'avantage d'une éducation plus étendue[2]. De même, l'abbé Pellicier demande que l'on songe à faire de tous les citoyens des gens de bien, et de bons sujets du Souverain ; et — peut-on voir une allusion à celui qui était l'homme du moment? — il fait appel aux « *Magistrats puissants, Pères du peuple*[3] » ; Rivard désire l'instruction pour les cultivateurs, ne serait-ce que pour

L'auteur de ce livre est Nolivos de Saint-Cyr, ancien capitaine d'infanterie, ami de D'Holbach. Grimm (*Correspondance*, 1er décembre 1759, t. IV, p. 162) en fait très peu de cas.

1. D'Alembert, *Lettre à M. J.-J. Rousseau* (*Œuvres de Rousseau*, t. II, p. 233).

2. Combalusier, *Mémoire...*, p. 47 et suiv.

3. Pellicier, *Mémoires... Troisième mémoire*, daté du 14 novembre 1762.

leur permettre de connaître les nouvelles méthodes d'agriculture[1].

L'opinion de La Chalotais subissait donc au moment même où il l'exprimait une certaine opposition[2].

Quoi qu'il en soit, après les vues générales qui font l'objet des deux premiers chapitres de l'*Essai*, La Chalotais va entrer dans l'exposé des méthodes qui constituent un nouveau Plan d'Études, et c'est là que nous devons le suivre.

1. Rivard, *Mémoires... XIIIe Mémoire.*
2. Plus tard, Rolland sera un contradicteur de La Chalotais (*Plan d'Éducation*, 1768 : « Le laboureur qui a reçu une sorte d'instruction n'en est que plus attentif et plus habile ») ; de même Diderot (*Plan d'une Université pour la Russie*, 1776 : « Depuis le premier Ministre jusqu'au dernier paysan, il est bon que chacun sache lire, écrire et compter »).

CHAPITRE VI

L'ESSAI D'ÉDUCATION NATIONALE

Seconde partie : Les principes d'un Plan d'Études, et l'éducation jusqu'à dix ans.

Dans la seconde partie de l'*Essai* (ch. III-VIII), après avoir posé les principes généraux d'une théorie de l'éducation, La Chalotais traite de l'éducation du premier âge, jusqu'à environ dix ans.

I

Sur quels principes doit reposer l'éducation? Pour répondre à cette question, il suffit d'observer la façon dont la nature procède ; elle est le meilleur des maîtres [1], il faut l'imiter. On instruira les enfants, et on leur transmettra des connaissances, de la même manière que la nature nous instruit. Grâce à cette méthode, il sera possible de tirer de nos Collèges plus d'utilité que l'on n'en a tiré.

1. *Essai*, ch. III, p. 53.

La première affirmation que pose La Chalotais c'est que toutes les connaissances viennent de la sensation et de la réflexion[1]; l'esprit est une « capacité vide », et l'on ne comprend aucune vérité, si l'on n'a pas eu les connaissances des données sensibles. Ce sont les principes de Locke; et La Chalotais, qui cite Condillac, avait dû aussi retrouver ces idées dans des livres d'éducation qu'il connaissait certainement. Elles se rencontrent en effet, dans Morelly[2], dans Helvétius[3], auquel La Chalotais a emprunté une autre idée importante, et aussi dans Rousseau qui, dans l'*Emile,* venait de faire l'éloge de Condillac[4]. Mais La Chalotais n'aurait pas accepté d'une façon absolue la thèse des sensualistes, car, plus loin, parlant des difficultés qu'on a pour apprendre à lire, il soutient que, pour y parvenir, il faut ou une routine mécanique, ou que « l'esprit soit déjà capable d'une infinité de combinaisons, lorsqu'il s'applique à des objets sensibles »[5]; et ses adversaires le lui firent remarquer[6].

1. *Ibid.*, cf. ch. IV, p. 65 : « Les sens sont les portes des connaissances. »

2. Morelly, *Essai sur l'esprit humain ou Principes naturels de l'Éducation.* Paris, 1743, p. 3. « Je suppose l'âme comme une table d'attente sur laquelle le pinceau n'a encore tracé aucuns traits, ou comme un miroir que l'on tire de derrière un rideau pour l'exposer au milieu d'une infinité d'objets différents. »

3. Helvétius, *De l'Esprit,* discours I, ch. I (t. I, p. 23) : « La sensibilité seule produit toutes nos idées » ; discours III, ch. I (t. II, p. 5): « Les sens sont les sources de toutes nos idées. »

4. *Émile,* livre II (*Œuvres,* t. III, p. 157) : « Une place honorable et distinguée parmi les meilleurs raisonneurs et les plus profonds métaphysiciens de son siècle. »

5. *Essai,* ch. IV, p. 66.

6. Voir les *Difficultés proposées à M. de Caradeuc de La Chalotais...,* 5e difficulté ; ouvrage dont nous aurons à parler plus loin. Cf. *Nouvelles ecclésiastiques,* 31 octobre 1763.

Si tout vient des sens, on doit, en matière d'éducation, se préoccuper, avant tout, de l'acquisition des matériaux des connaissances qui sont les idées particulières ; et pour en posséder, il faut des observations, des expériences. L'enfant doit donc commencer par les choses sensibles, par ce qu'il voit, par ce qu'il touche ; et il faut l'intéresser par ce que l'on mesure, pèse, dépeint, et décrit[1]. La Chalotais revient sans cesse sur l'emploi de cette méthode pédagogique, qui est de mise dans toutes sortes d'études, comme il le montrera, pour chacune d'elles, dans la suite de son ouvrage. C'était encore la méthode recommandée par Morelly[2], par Helvétius[3], et surtout par Rousseau dans un passage célèbre de l'*Emile*[4]. Après eux, La Chalotais répète que « ce sont les choses mêmes qu'il importe de connaître » au lieu des mots dont on nous abuse. « Revenons au vrai et au réel »[5].

Mais, en possession des faits, que fera l'esprit ? Du sensible, il doit passer à l'intellectuel, du simple au composé, et des faits aux causes, de telle sorte qu'il faut bannir toute méthode commençant par des idées

1. *Essai*, ch. III, p. 58, cf. p. 69.
2. Morelly, *op. cit.*, première partie, ch. II, p. 44 : « Faire de l'imagination un magasin d'images. »
3. Helvétius (*De l'Esprit*, discours IV, ch. XVII ; t. III, p. 262) pensait qu'au lieu d'employer tant d'années à l'étude des mots, il vaudrait mieux s'adonner à l'étude des choses. — L'auteur des *Lettres sur l'Éducation* réclame aussi l'instruction par les objets sensibles, et l'exercice de l'imagination.
4. *Émile*, livre III, p. 332 : « Point d'autre livre que le monde, point d'autre instruction que les faits. » P. 362 : « Je n'aime point les explications en discours... Les choses ! les choses ! Je ne répéterai jamais assez que nous donnons trop de pouvoir aux mots : avec notre éducation babillarde, nous ne faisons que des babillards. »
5. *Essai*, ch. III, p. 61.

abstraites ; elle est sèche et ennuyeuse. Il faut, au contraire, comme on le recommandait dans l'*Encyclopédie*, partir des exemples multiples et variés pour arriver à la maxime générale[1].

Cette méthode présente des avantages pratiques ; on sera plus habile, car l'habileté est proportionnelle à l'expérience que l'on a ; l'étude rendue agréable et variée donnera de la flexibilité à l'esprit ; liées, dès le Collège, avec les notions communes, les connaissances acquises le seront pour toujours, sans risquer d'être oubliées, comme on le voit trop souvent[2]. On remédiera ainsi au vide de l'éducation actuelle.

Ces principes une fois admis, La Chalotais aborde les différentes études. Il faut distinguer plusieurs modes d'éducation, suivant qu'il s'agit de tout jeunes enfants, ou d'enfants plus âgés, puisqu'il y a une différence entre l'esprit au début, et l'intelligence, telle qu'elle se présente plus tard[3]. Pour les plus jeunes enfants, les études doivent être des « amusements ». Nous suivrons La Chalotais dans les indications qu'il donne au sujet de la lecture, de l'Histoire, de la Géographie, de l'Histoire Naturelle, des Observations Physiques, et des Mathématiques dans un premier « cycle » d'études, c'est-à-dire jusqu'à dix ans.

1. *Encyclopédie*, art. LEÇON ; art. ÉDUCATION par du Marsais : « Nous ne parvenons aux idées générales qu'après avoir passé par les idées particulières. » Cf. Turgot, *Second Discours en Sorbonne* (*Œuvres*, Paris, 1808, t. II, p. 55 ; et Rousseau, *Émile*, livre III (t. III, p. 332).

2. *Essai*, ch. III, p. 57, 61, 62, 63 ; cf. p. 95.

3. Cette distinction est encore plus apparente pour un philosophe sensualiste que pour tout autre.

II

La Chalotais est très bref au sujet de la lecture ; il suppose que l'enfant sait déjà lire et écrire ; mais il remarque qu'il y a, pour apprendre à lire, de plus grandes difficultés que pour apprendre à parler ; tant la nature fait facilement ce que l'art ne parvient à exécuter que longuement !

La Chalotais pense même que ce devrait être l'affaire du Gouvernement de fixer la méthode la plus simple pour la lecture. Sa préoccupation est celle que l'on avait depuis longtemps en France ; car, dès le début du XVIIIe siècle, on inventait des méthodes de lecture, en renouvelant et corrigeant la méthode de Port-Royal[1] ; et de tous les procédés que des éducateurs, des grammairiens, des maîtres de pension publient à l'envi, à l'époque même où il écrit[2], La Chalotais cite avec élo-

1. Dès 1719, ce sont Py-Poulain Delaunay, et de Vallange qui enseignait à lire au moyen de figures symboliques ; en 1744, l'abbé Bertaud reprend la même méthode avec le *Quadrille des enfants* ; en 1755, le chanoine Cherrier s'oppose à l'épellation.

2. Cauvin, Maître ès arts libéraux de la ville de Marseille, publie, en 1760, le *Jeu typographique français* et le *Rudiment de Lecture française*. On invente aussi des moyens pour rendre agréable l'étude aux commençants, par exemple, des alphabets sur des cartes à jouer. Un grammairien, Bouchot, publie l'*Art nouvellement inventé pour enseigner à lire*, sur les ordres du Roi de Pologne. Bajolet, maître de pension, est partisan de l'épellation. Enfin, les *Principes de lecture, d'orthographe et de prononciation*, mis à la portée de tous les Maîtres et de toutes les écoles par M. Viard, sont jugés comme « ce qu'il y a eu de mieux fait en ce genre jusqu'à présent, et très méthodique » (*Mercure de France*, août 1762) ; ils devaient avoir, plus tard, un plus grand succès encore.

ges le *Bureau typographique* de Dumas qui, malgré des idées chimériques de son inventeur, avait une grande vogue ; Rollin appréciait fort cette machine semblable à une casse d'imprimeur, qui instruit l'enfant sans le fatiguer[1].

Mais, après la lecture, l'écriture et le dessin, que La Chalotais suppose connus, et au sujet desquels il ne propose rien de nouveau, il faut parler d'enseignements essentiels même pour le tout jeune enfant.

C'est d'abord l'Histoire. D'après La Chalotais, les Histoires sont « à la portée des enfants » ; et ceux qui les ont proscrites de l'enseignement, ont été entraînés par l' « esprit de paradoxe[2] ». La Chalotais s'oppose absolument à Rousseau et prend la peine de réfuter ses idées[3]. Si Rousseau pensait qu'il y a difficulté à saisir les rapports qui déterminent les faits historiques, il ne voyait pas quelle contradiction était la sienne : il voulait que l'enfant n'ait pas d'autre école que le monde, et il le tenait à l'écart de tout ce qui s'était passé dans

1. Rollin, *Traité des Études*, I, I, § 2. Le procédé de Dumas est décrit et vivement conseillé par Morelly (*Essai sur l'esprit humain*, etc., p. 63), malgré les « préjugés » qu'il inspire, en même temps que la méthode de Locke qui recommandait d'apprendre à lire en amusant, au moyen de dés ou de polygones sur lesquels des lettres sont inscrites (*Quelques pensées sur l'Éducation*, trad. Compayré. Paris, 1882, p. 239-244). Rousseau (*Émile*, livre II ; *Œuvres*, t. III, p. 179) est opposé à tous ces procédés.

2. *Essai*, ch. IV, p. 68.

3. Voir *Émile*, livre II (*Œuvres*, t. III, p. 164 et suiv.). Le 28 février 1763, Voltaire, qui faisait commencer l'histoire à Henri IV (Lettre à Mme du Deffand, 13 octobre 1759), écrit à La Chalotais à propos du chapitre de l'*Essai* qui nous occupe : « Vous faites bien de l'honneur à Jean-Jacques de réfuter son ridicule paradoxe qu'il faut exclure l'Histoire de l'éducation des enfants. »

le monde. Il ne considérait pas que les faits de l'Histoire sont des faits, comme les autres; et il oubliait que, suivant les principes d'une bonne éducation, c'est par les faits quels qu'ils soient, que l'on doit commencer! Au contraire, un homme qui, comme La Chalotais, était partisan de la grande idée du siècle, de l'idée de Progrès, se dit qu'un esprit doit unir sa propre expérience à l'expérience d'autrui; et l'Histoire lui paraît être, comme à Rollin[1], un des premiers enseignements. D'abord, parce qu'elle est la représentation de ce qui se passe tous les jours devant nous: si un enfant prend plaisir aux Contes de Fées, pourquoi n'écouterait-il pas l'Histoire de Romulus ou celle de Clovis? Ensuite, comme il y a difficulté à retenir les noms des hommes, des villes, des fleuves, si l'on n'y est pas habitué de bonne heure, il faudrait se résigner à ne jamais enseigner l'Histoire[2].

Mais, comment rendre les Histoires « utiles » aux enfants? La Chalotais préfère l'Histoire des derniers siècles qui peuvent être plus détaillées que celle des autres. C'est aussi par elle qu'il faut commencer, pour remonter ensuite aux siècles plus reculés[3]. Cette méthode de l'Histoire apprise à rebours avait déjà des partisans: elle avait été recommandée par Grotius[4], puis

1. *Traité des Études*, livre V, avant-propos (t. III, p. 23): « Je regarde l'Histoire comme le premier maître qu'il faut donner aux enfants »; et *Ibid.*, p. 15.
2. *Essai, Ibid.*, p. 70-72.
3. *Ibid.*, p. 73.
4. Grotius, lettre à Du Maurier sur la meilleure manière d'étudier (*Grotii epistolae*, p. 17).

par d'Alembert[1], et devait, plus tard, être indiquée par Diderot[2].

C'est encore par raison d'utilité que La Chalotais donne la préférence aux Histoires modernes ; elles sont plus fécondes en enseignements[3] ; et, tout en donnant aux enfants « des peintures vives des grands événements », on leur fera connaître les biographies des héros, des savants, des hommes illustres en tout genre ; et, pourquoi ne pas lire aux enfants la vie des enfants célèbres[4] ? Il faudra toujours mettre sous leurs yeux des vues, des gravures, des plans de villes et d'édifices, etc. Ne doit-on pas chercher ce qui frappe les sens, l'imagination ?

Pour cet enseignement, qui ne nécessite que des Livres, — pourvu qu'ils soient conçus philosophiquement, et rédigés par des Philosophes[5], — le Maître

1. *Encyclopédie*, art. COLLÈGE, 1753 : cette idée paraît à D'Alembert « très juste et très philosophique », c'est « l'idée d'un homme d'esprit de ma connaissance » ; et c'est sans doute à Diderot qu'il pense.

2. Diderot, *Plan d'une Université*, deuxième cours des études d'une Université, deuxième classe : « L'historien devrait commencer l'histoire par les temps les plus voisins, en remontant jusqu'aux siècles de la fable. » L'idée de d'Alembert et de La Chalotais avait été réfutée par D'Aguesseau (*Instructions sur les études propres à former un magistrat*, publiées en 1756. *Œuvres complètes*, t. XV, et, un an après l'*Essai*, elle le sera encore par Guyton de Morveau, *Mémoire sur l'éducation publique avec le prospectus d'un Collège*, in-12, 324 pages, p. 183 et suiv.

3. *Essai*, p. 77.

4. La Chalotais cite Baillet, le biographe de Descartes et son livre : *Des enfants devenus célèbres par leurs études et par leurs écrits*, 1688.

5. *Essai*, ch. IV, p. 78-79. Une opinion analogue est exprimée dans l'*Encyclopédie*, art. SYLLABAIRE (t. XV, p. 713 *b*) : « Tout livre préparé pour l'instruction et surtout pour celle des enfants doit être conçu et rédigé par la Philosophie, mais par la Philosophie soucieuse de la pratique et des réalités. »

n'a presque rien besoin d'ajouter; il suffira qu'il pose des questions, pour voir ce que l'enfant aura retenu[1].

Si La Chalotais insiste sur l'enseignement de l'Histoire, — au sujet duquel il présentera plus loin des considérations très élevées, — c'est sûrement pour répondre au désir de tous ses contemporains qui protestaient contre l'ignorance des écoliers en fait d'Histoire nationale[2]; il était, aussi, naturel qu'il dît son opinion, fortement motivée, comme elle l'est, au moment où l'on constatait que la jeunesse s'intéressait à cet enseignement nouveau, bien que les progrès y fussent lents[3], et où, pour remédier à la pénurie dont on souffrait, on traduisait des ouvrages latins[4].

III

L'étude de l'Histoire doit être naturellement accom-

1. On trouve la même idée dans les notes marginales ajoutées, en 1763, par l'abbé de La Chapelle, à son livre: *Art de communiquer ses idées*, composé en 1751, et dans le *Mémoire* de Guyton de Morveau, p. 180.

2. On trouve l'écho de ces réclamations dans le *Recueil* de Rolland (*Comptes rendus sur les collèges de Moulins, de Tours, d'Orléans, de Roanne, de Poitiers*, 19 mars, 12 août, 27 août, 5 septembre 1763, 7 juin 1764). Voir aussi Rolland, *Plan d'Éducation* (*Recueil*, p. 104): les jeunes gens savent les noms des consuls romains et ignorent les actions de nos grands généraux. Cf. Mercier, *Tableau de Paris*, t. I, p. 152, passage que nous avons cité, ch. II.

3. *Journal Encyclopédique*, février 1762.

4. En 1757, on traduit l'*Abrégé chronologique de l'Histoire universelle depuis les premiers empires du monde jusqu'à l'année 1725*, de Sleidan, dont de Thou faisait de grands éloges, et dont les ouvrages, traduits en plusieurs langues, eurent de très nombreuses éditions. L'abbé Lagneau traduit aussi du latin de Turretin l'*Abrégé de l'Histoire universelle*.

pagnée de l'étude de la Géographie [1], qui convient aux enfants, parce qu'elle est l'affaire des yeux ; mais il faudrait une Géographie à leur portée, sans trop de détails ennuyeux, et s'occupant de ce qu'il y a de curieux pour les mœurs, les coutumes, les arts, le commerce, quitte à revenir plus tard sur les questions de Géographie historique et politique. Ayant souci d'une documentation sérieuse, même pour un enseignement qui s'adresse à de tous jeunes enfants. La Chalotais pense que l'on devra se servir du Recueil des Voyages [2]. D'accord avec l'opinion publique pour la rénovation de cet enseignement [3], il ne cite pas les ouvrages de Géographie dont on était inondé à l'époque [4], et qui même se distribuaient par « ordinaires [5] » ; il ne mentionne pas un des meilleurs qui venait de paraître, et qui semblait fait suivant ses propres idées [6] ; il se contente de mettre en

1. C'est de cette façon que Mentelle, professeur, avait conçu l'Histoire et la Géographie, en y associant même la Chronologie, dans son *Manuel géographique, chronologique et historique* qui venait de paraître en 1761. Ce sont trois sœurs, disait-il, qui doivent toujours se tenir par la main et marcher ensemble ; et il ajoutait : « La perfection de nos connaissances est comme un édifice, à la construction duquel elles concourent mutuellement. La Géographie mesure le terrain ; la Chronologie trouve le plan, et l'Histoire se charge de l'exécution. » Cf. *Journal Encyclopédique*, février 1762.

2. *Essai*, ch. v, p. 80-81.

3. A Roanne (Rolland, *Recueil*, p. 717) on demandait que l'on donnât aux élèves une « teinture de Géographie », surtout de celle du pays, en leur faisant connaître d'abord leur province, ensuite le royaume, et après le reste de l'hémisphère.

4. *Journal Encyclopédique*, mai 1760. On pouvait citer les livres de Robert de Vaugondi, d'une famille de géographes (1756, 1761).

5. Voir *Journal Encyclopédique*, mai 1760, janvier 1761.

6. Buis de Mornas, professeur de l'École royale militaire, venait de publier l'*Atlas méthodique et élémentaire de Géographie et d'Histoire, dédié à M. le Président Henault*, ouvrage dans lequel l'auteur indiquait le but éducatif de l'Histoire. Cf. *Journal Encyclopédique*, septembre et octobre 1761 ; mars et novembre 1762.

garde contre l'ouvrage de l'abbé Lenglet du Fresnoi qui était sec et ennuyeux[1]. Mais, dans un âge plus avancé, il y aura lieu de compléter l'enseignement de la Géographie.

IV

Il est une autre étude à laquelle il faut faire une place importante dans l'éducation. Ce sont les sciences. Depuis longtemps, les sciences et leurs découvertes avaient attiré l'attention de tous les esprits; le XVIIIe siècle avait vulgarisé ce qui était longtemps resté le partage exclusif des savants[2]. Il était naturel qu'un réformateur songeât à ces études, dont on attendait de grands résultats. Aussi, au lieu de réserver l'enseignement scientifique aux classes supérieures des Collèges, de le considérer comme une partie du cours de Philosophie, La Chalotais pense-t-il que même les plus jeunes enfants peuvent en profiter.

D'abord, l'Histoire naturelle est, pour les enfants, facile et agréable, parce qu'elle ne « demande que des yeux[3] » ; et, en même temps, elle a une portée considérable. Il faut familiariser les enfants avec tous les

1. C'était aussi l'opinion du *Mercure de France* (mai 1762) sur la *Géographie des enfants* (Lettre d'un « savant de province »). Mais Lenglet du Fresnoy était beaucoup plus estimé comme historien. Collaborateur de l'*Encyclopédie*, il avait publié une *Méthode pour étudier l'Histoire*, qui fut traduite en plusieurs langues (*Encyclopédie*, t. VI; avertissement des éditeurs).

2. Voir abbé Sicard, *Les études classiques avant la Révolution*. Paris, 1887, p. 184 et suiv.

3. *Essai*, ch. VI, p. 81-86.

objets usuels ; mais, sans entrer dans le détail des méthodes savantes, on se contentera d'enseigner la division des trois règnes, en faisant appel aux sens et à la curiosité des enfants qu'on attirera sur les objets les plus proches d'eux et les plus utiles, sur les animaux domestiques de préférence aux animaux sauvages. Ainsi, on leur fera connaître les différentes parties d'un animal, d'un oiseau, leur façon de vivre, de se nourrir. De même pour les minéraux, qu'on leur montrera, et pour tous les objets qu'ils se feront même un plaisir de copier.

A ces connaissances doivent se joindre des observations et des expériences sur tout ce que la nature présente de plus frappant et de plus simple. Il ne s'agit pas de faire aborder par les jeunes enfants la science elle-même, pour en faire des Physiciens ou des Astronomes. Ce sont plutôt des « Récréations », qui conduiront, plus tard, à des démonstrations intéressantes, en faisant connaître les qualités sensibles, et les machines les plus simples[1] ; on pourrait avoir, à cet effet, dans un Collège des modèles de machines en bois ou en fer. Sans leur enseigner la Mécanique, il faut faire remarquer aux enfants comment se produit le mouvement,

1. *Essai, ibid.*, p. 86-91. Quand, bien avant La Chalotais, l'abbé Gédoyn parle de la physique expérimentale, il est d'avis qu'il faut l'apprendre « par manière de divertissement, même de récompense » (*Op. cit.*, p. 41); en 1761, M. de Villers publie deux volumes de *Journées physiques*, livre en forme d'entretiens, et, en 1763, le Père Bonaventure Abat publie des *Amusements philosophiques sur diverses parties des sciences et principalement de la physique et des mathématiques*. Cf. *Journal des Savants*, octobre 1762 (compte rendu du *Dictionnaire de Physique*, du P. Paulian).

comment manœuvrent un levier, une poulie, une balance. Un objet considéré comme un luxe, ou comme une utilité, des ciseaux, peuvent servir à leur faire voir comment fonctionnent deux leviers réunis par un clou qui leur sert de point d'appui ; on peut même leur faire remarquer que plus le point d'appui est éloigné de la puissance, plus la force est grande[1]. Ce que La Chalotais recommande ainsi, dans ce chapitre VII, de l'*Essai*, c'est ce que nous-mêmes, dans notre éducation actuelle, nous jugeons si utile pour agrandir et développer l'esprit de l'enfant : ce sont les *leçons de choses*. Mais il n'était pas le premier à signaler les avantages de cet enseignement. Nous le trouvons décrit, et presque dans les mêmes termes, dans un chapitre du *Traité des Etudes*[2], où Rollin fait la même distinction entre la « Physique des savants » et la « Physique des enfants », attribuant à l'étude de la dernière des caractères de plaisir et d'agrément qui la rendent susceptible d'être enseignée « dès l'âge le plus tendre ». La Chalotais s'est visiblement inspiré des idées de Rollin. Il s'en inspire encore quand il montre l'avantage véritablement moral que l'on peut tirer de l'étude des faits de la nature ; ainsi, en apprenant les sciences, on connaît les hommes célèbres qui les ont fait progresser ; on initie les enfants à des idées qu'ils auront l'occasion d'approfondir plus

1. C'est une observation qui, bien présentée, a une grande valeur ; pourquoi est elle méconnue par un historien qui se demande quel avantage elle peut bien avoir (Sicard, *art. cité, Le Correspondant*, 10 octobre 1882, p. 40) ?

2. Livre sixième, articles III et IV (t. IV, p. 386 et suiv.). Cf. un curieux passage de Fénelon (*Traité de l'éducation des filles*, ch. III, cité par Sicard, *art. cité*, 25 septembre 1882, p. 1045).

tard ; on leur fait comprendre, non pas ce qu'est la divisibilité à l'infini, mais comment une chose peut en comprendre de plus petites, et par des comparaisons bien choisies, on leur montre ce qu'est l'immensité de l'espace. Mais, ce qui est encore plus appréciable, on s'élève de là à l'idée de l'Être qui a tout créé ; et ces faits, ces simples observations suscitent des réflexions plus pieuses que celles que l'on trouve dans les Livres d'Exercices spirituels[1].

Ainsi la science la plus élémentaire, utile en elle-même, devient un secours puissant pour la Foi.

V

La Chalotais aborde la question des Sciences Mathématiques. Bien que ces sciences fussent depuis longtemps en honneur dans les Collèges[2], elles étaient considérées par quelques-uns comme des sciences de convenance (par opposition aux sciences de nécessité), comme des connaissances qui n'importent qu'à ceux qui se destinent à un certain genre de vie[3] ; et elles restaient comprises dans le cours de Philosophie. La Chalotais s'oppose à l'usage ordinaire ; c'est à tort, selon

1. *Essai*, ch. VII, p. 84-85, 91-94. Cf. Rollin, *Traité des Études*, *ibid.*, p. 389 : « Un Maître attentif..... songe en même temps à lui [à son élève] former le cœur, et à le conduire par la nature à la Religion. »
2. Néanmoins, Rolland (*Plan d'Éducation*, *Recueil.....*, p. 139) se plaint que les Mathématiques soient négligées dans les Universités.
3. *Projet d'Étude pour le Collège des Chanoines réguliers de Saint-Vincent de Senlis*. Paris, Le Mercier, 1763, in-4, 8 pages. Cf. *Mémoires de Trévoux*, octobre 1763, qui font l'éloge de ce « morceau qui n'a pas été exposé en vente. »

lui, que l'on juge difficiles les Mathématiques ; il n'y a pas plus de difficulté à les saisir que les règles de la Grammaire, cette Métaphysique du langage[1]. Au contraire, rien n'est plus clair que les idées des corps, de la ligne, des angles ; et les sens rendent témoignage des vérités de la Géométrie. Ce sont des vérités premières, et qui doivent être enseignées dès le premier âge, comme le pensaient Socrate et Platon. Non seulement elles ont une utilité pratique pour la vie et pour les autres sciences, mais elles donnent aussi à l'esprit de grandes qualités ; elles le rendent juste, l'accoutument à la combinaison et au calcul, et lui donnent l'aptitude de lier les idées, qui est si importante[2]. Et La Chalotais songe à quelques livres qui pourraient servir dans les classes. On a bien à portée les *Récréations mathématiques* d'Ozanam, mais il ne les juge pas d'une clarté suffisante[3]. Il n'y avait pas, à l'époque, abondance de traités pour la jeunesse ; et La Chalotais fait l'éloge des ouvrages de Clairaut[4].

1. *Essai*, ch. VIII, p. 95-100. — P. 99 : « La Géométrie ne demande pas plus d'application que les jeux de Piquet et de Quadrille. »

2. Cf., ch. XX, p. 160 : « Les Éléments de Géométrie, lus avec attention, sont la meilleure des Logiques. »

3. Les *Récréations mathématiques et physiques* qui dataient de 1694 eurent de nombreuses éditions, et furent refondues en 1778 par Montucla. Leibnitz faisait grand cas des ouvrages d'Ozanam ; cependant Fontenelle les trouvait incomplets, parce qu'ils « ne roulent que sur l'ancienne géométrie, mais approfondie avec beaucoup de travail » (*Éloge de M. Ozanam ; Œuvres de M. de Fontenelle*, Paris, 1758, onze volumes ; t. V, p. 364). En octobre 1761, le chroniqueur du *Journal Encyclopédique* s'exprime ainsi : « Il manque à la France savante un véritable cours de Mathématiques. Le recueil informe d'Ozanam ne mérite pas ce nom ; et quelques ouvrages modernes, estimés, ne sont pas complets. »

4. La Chalotais reviendra sur Clairaut, au ch. XXIV (P. 174) ; et

C'est par les Mathématiques que La Chalotais termine le programme qu'il propose pour la première éducation de la jeunesse. Résumant en quelques mots ce qu'il a dit dans ces divers chapitres, il se souvient qu'il a commis un oubli, et il le répare. Il recommande les *Fables* de La Fontaine, et ne consent pas à la proscription que Rousseau a prononcée contre elles[1]; il pense, au contraire, qu'elles doivent toutes être apprises par cœur par les enfants; et c'est un des « amusements » qui conviennent à cet âge. A dix ans, commenceront les études sérieuses.

Voltaire (Lettre du 28 février 1763) l'a félicité de son jugement, qu'il reproduit mot pour mot : « Vous rendez bien justice à M. Clairaut, en recommandant ses Éléments de Géométrie, qui sont trop négligés par les Maîtres, et qui mèneraient les enfants par la route que la nature a indiquée elle-même. »

1. Les *Fables* de La Fontaine étaient recommandées par l'abbé Gédoyn (*Discours sur l'Éducation; Œuvres diverses*, p. 42): mais Rousseau soutenait que les enfants ne les entendent pas, que la morale en est disproportionnée à leur âge (*Émile*, livres II et IV ; *Œuvres*, t. III, p. 170-178, 462 ; cf. *Nouvelle Héloïse*, partie V ; *Œuvres*, t. IX, p. 283). Locke (*Quelques pensées sur l'éducation*, trad. Compayré, p. 245) fait l'éloge des *Fables* d'Ésope.

CHAPITRE VII

L'ESSAI D'ÉDUCATION NATIONALE

Troisième partie : L'éducation depuis dix ans.

Le chapitre IX de l'*Essai* et les chapitres qui le suivent jusqu'au chapitre XVII inclusivement forment la troisième partie du traité ; c'est là que l'auteur expose ses idées les plus importantes sur l'éducation, en vue de la réforme projetée. S'inspirant de ce qui avait été écrit avant lui, et de tout ce qui se publiait en ce moment, il relie ses idées à quantité d'autres projets, pour les études qu'il juge indispensables à la jeunesse. Il s'agit ici, non plus des premiers exercices d'un enfant, mais bien plutôt de la véritable éducation, de celle qui doit laisser des traces dans la vie.

I

Immédiatement, et sans préparation aucune, La Chalotais aborde la question qui passionnait tous les esprits : la question de l'étude des Langues, et, en particulier, celle des Langues anciennes.

D'après La Chalotais, il faut unir l'étude du Français

et l'étude du Latin, et suivre, en cela, l'exemple des Romains qui faisaient de même vis-à-vis du Grec[1]. Ceux qui auront du goût pour cette dernière Langue ne doivent pas non plus l'abandonner, car elle contribue à donner une « vraie et solide érudition ». Au sujet du Grec, les avis étaient bien partagés. L'abbé de Saint-Pierre l'avait jugé inutile[2]; et les Encyclopédistes considéraient comme infructueux les résultats que donnait cette étude[3]; certains pensaient qu'il ne doit pas être étudié par le plus grand nombre d'élèves[4]. D'autre part, on assistait à la publication de nombreuses traductions d'auteurs grecs, ce qui prouve que le public s'intéressait à cette littérature; et parfois l'on se plaint que la Langue Grecque soit presque entièrement inconnue, surtout en Province[5], alors qu'elle est « la plus belle Langue qui fut jamais »[6]. On constatait aussi avec regret que les littérateurs se font une espèce de mérite de n'avoir point appris le Grec, et qu'ils savent vaguement les noms des poètes ou des orateurs[7]. Bien qu'il soit très bref dans ce débat, La Chalotais était certainement avec tous les gens de goût qui déploraient le peu de cas que l'on fait de la Langue Grecque; et s'il en conseille

1. *Essai*, ch. IX, p. 101.
2. *Questions sur l'Éducation des Collèges*; Question I (*Ouvrages de Politique*, t. X).
3. *Encyclopédie*; art. ÉTUDE, par M. Faiguet, 1755.
4. *Lettres sur l'Éducation*, 1762. Cf. *Journal Encyclopédique*, novembre 1762.
5. *Lettre où l'on examine.....*, p. 20-21; Voltaire, *Conseils à un Journaliste*.
6. *L'Inutilité des Jésuites...* Rolland pensait aussi qu'on doit étudier le Grec.
7. *Journal Encyclopédique*, juin 1763.

l'étude, c'est peut-être parce que, avec certains de ses contemporains, il constatait que les Allemands et les Anglais lui doivent leur supériorité dans certains genres de littérature[1].

Mais La Chalotais n'est pas exclusif, et il se plaint de « l'indifférence » avec laquelle on traite les Langues vivantes; il juge nécessaires l'Anglais pour les sciences et l'Allemand pour la guerre[2]. Les Langues vivantes étaient cependant à la mode, mais dans un autre milieu que le monde des écoles[3].

Malgré tout, ce qu'il y a de plus important dans une « institution » pour les Français, dans une Éducation Nationale, c'est le Français, auquel il « faut donner le pas »; c'est notre « Langue maternelle, la plus nécessaire dans tout le cours de la vie »; il faut lui attribuer dès le début le temps qu'elle réclame[4]. S'il n'est pas néces-

1. *Année Littéraire*, 1762, t. I, p. 102.

1. *Essai...*, p. 102. On trouve les mêmes recommandations dans Voltaire (*Conseils a un Journaliste*), dans l'*Encyclopédie* (art. Collège, par D'Alembert, 1753; et art. Étude, par M. Faiguet, 1756). En 1759, l'auteur anonyme des *Lettres sur l'Éducation par rapport aux langues*, aurait voulu qu'on assignât aux différents Collèges de Paris une langue particulière antique ou moderne, et qu'on fit passer successivement les élèves par tous ces Collèges. Le projet passa inaperçu et fut jugé comme une « futilité » (Grimm, *Correspondance*, 1er octobre 1759, t. IV, p. 144).

3. En mai 1762, le *Journal Encyclopédique* constate qu'il y a « une émulation singulière en France pour apprendre l'Anglais »; et, en même temps que l'auteur des *Variétés philosophiques et littéraires* recommande l'étude des Langues, des Maîtres d'Anglais (M. Berry « anglais de nation » et Joseph Gautier) publient des grammaires et des méthodes, que l'on juge opportunes et bonnes (voir *Journal Encyclopédique*, mai 1762, janvier 1763).

4. *Essai*, p. 102-103. Cf. Helvétius, *De l'Esprit*, Discours IV, ch. xvii (t. III, p. 259): « L'on doit consacrer quelques temps à l'étude raisonnée de la langue nationale. »

saire de proscrire le Latin, il est aussi irrationnel de lui donner la première place dans notre éducation. Avec tous les littérateurs du siècle et avec tous ses contemporains, La Chalotais se rend compte de la prépondérance que le Français avait prise ; la littérature du XVIIe siècle avait jeté un éclat remarquable et on l'avait, non sans raison, opposée aux littératures anciennes. La Langue Française était devenue la langue universelle de l'Europe et même, en matière scientifique, le Latin était détrôné[1]. Et cependant, la routine était telle que, dans nos Collèges, on ne se serait pas cru en France ! A la réputation éclatante qu'avait partout la Langue Française on voyait s'opposer l'état d'ignorance des écoliers. Déjà l'abbé Gédoyn constatait avec amertume que les jeunes gens ne savaient ni parler ni écrire[2]. Mais, à l'époque même où La Chalotais songeait aux questions pédagogiques, ces plaintes étaient fréquentes. *Le Mémoire de la Faculté de Droit de Rennes*, que nous avons déjà signalé, se répand en lamentations sur l'ignorance du Français[3] ; et l'on constate que des Français, après de longues études, ne peuvent pas écrire deux lignes sans faire de grossières fautes contre l'orthographe[4], alors que des étran-

1. La langue française, disait Gédoyn (*De l'éducation des enfants* ; *Œuvres diverses*, p. 31 et 37) « a pris l'ascendant sur toutes les autres, se parle dans toutes les cours, est devenue, ou peu s'en faut, la langue universelle de l'Europe, et a produit tant de bons ouvrages aussi goûtés des Étrangers que des Français... On ne souffre même plus des citations latines dans un ouvrage d'esprit ».

2. *Ibid.*, p. 33.

3. Archives d'Ille-et-Vilaine, *Mémoire...*, p. 14 : « Un étudiant sortant du collège après huit ans n'est pas en état de lire un livre français dans une compagnie d'honnêtes gens. »

4. Nous trouvons ces plaintes dans *les Principes généraux et raisonnés de l'Orthographe française avec des remarques sur la prononcia-*

gers la possèdent mieux que nous et sont choqués des inexactitudes que nous commettons par négligence ou par ignorance[1] ! Et si l'on parcourt les *Comptes rendus* de Rolland, on voit que de toutes les régions de la France s'élèvent la même plainte et le même vœu : « On ne sait pas le Français ; il faut apprendre le Français ! » C'est comme le *leit-motiv* de ces requêtes du pays tout entier[2]. On ne songe pas tant à bannir le Latin qu'à relever l'enseignement du Français[3] ; et c'était là le point sur lequel La Chalotais insistait. Il ne faut pas voir en lui un révolutionnaire, désireux de détruire tout ce qui existe, mais un sage réformateur.

Comment est-il possible de faire une réforme des études au point de vue du Français et du Latin ? Il faut songer, non pas à une infime minorité d'Étudiants auxquels les Langues anciennes peuvent être utiles, mais à la masse de la Nation[4] ; et alors, pourquoi n'organise-

tion, que publia, en 1761, Douchet, avocat au Parlement et ancien professeur royal en langue latine. Douchet avait fait des articles de grammaire dans l'*Encyclopédie*, avec Beauzée, après la mort de Du Marsais (*Journal des Savants*, mars 1763) ; Fréron (*Année Littéraire*, 1762) donne raison à Douchet.

1. De la Chapelle, *Art de communiquer ses idées*, p. 8, note a.

2. Rolland, *Recueil, Comptes rendus des Collèges de La Flèche, Orléans, Roanne, Tours* (p. 543, 579, 717, 841).

3. C'est ce qui explique le grand nombre de grammaires françaises qui paraissaient depuis quelque temps, comme celle de Restaut (cf. Bachaumont, *Mémoires*, 14 mars 1764, t. II, p. 33), et beaucoup d'autres anonymes (v. *Journal Encyclopédique*, mai 1759, janvier 1761). Mais celle qui attira le plus l'attention, fut adoptée par l'Université, suscita même une polémique (*Année Littéraire*, 1762, 7e vol., p. 94, 285), fut celle de M. l'abbé de Wailly, publiée en 1754, et dont l'auteur donna des *Abrégés* (*Journal Encyclopédique*, octobre 1759, novembre 1761 ; *Année Littéraire*, 1763, 1er vol., p. 143.

4. *Essai*, ch. IX, p. 105.

rait-on pas les études de telle façon que certains enfants ne suivraient qu'un enseignement (l'enseignement moderne, dirions-nous aujourd'hui), s'ils n'ont besoin ni du Latin ni du Grec[1]? Ainsi toutes les aptitudes recevraient satisfaction[2].

L'essentiel est que tous les exercices du Collège soient faits en Français[3] et que l'on ne mette pas à l'étude du Latin et du Grec un temps aussi long qu'on y emploie aujourd'hui. De l'avis de tous, on pouvait simplifier et abréger ; en deux ou trois ans il est possible d'apprendre deux Langues, il n'est pas besoin de huit ans[4] ; ce qui ne veut pas dire qu'on doive abandonner ces études, car il est bien possible d'y revenir plus tard[5].

Mais par quoi commencera-t-on les études de Littérature? Jusqu'alors on commençait par le Latin ; c'était tout au plus bon dans un temps où notre Langue n'était

1. *Ibid.*, cf. Bouchet, *Principes généraux et raisonnés de l'Orthographe française*, 1761, Préface.

2. La même idée est exprimée par Duclos (*Mémoires sur sa vie*, *Œuvres*, t. X, p. 33).

3. L'abbé de Saint-Pierre avait déjà fait observer que les Romains ne les faisaient pas en Grec (*Questions sur l'Éducation des Collèges*, Question VII, *Ouvrages de Politique*, t. X), et Rolland émettra le vœu que, dans les Facultés, l'enseignement se donne en Français (*Plan d'Éducation*, *Recueil*, p. 143).

4. Dans les critiques qu'il adresse à l'éducation de son temps, Helvétius (*De l'Esprit*, discours IV, ch. XVII, t. III, p. 259 et suiv.) insiste surtout sur la longueur exagérée des études latines, sur le mauvais emploi de huit ou dix ans ; il y revient à plusieurs reprises (cf. Duclos, *Mémoires*, *loc. cit.*). En 1760, Py-Poulain Delaunay publie une *Nouvelle Méthode pour apprendre la langue latine*, et il a l'intention de la faire apprendre en deux ou trois ans (cf. *Journal Encyclopédique*, mars 1760 ; *Mémoires de Trévoux*, juillet, septembre 1762). L'auteur des *Lettres sur l'Éducation* pensait aussi qu'on peut faire toutes les classes en quatre ans ; et le chroniqueur du *Journal Encyclopédique* (novembre 1762) pense qu'il aurait pu rabattre encore la moitié de ce calcul.

5. Cf. *Essai*, p. 188.

qu'un jargon informe ; mais en plein XVIIIe siècle, le procédé n'est pas tolérable. Il faut commencer par le Français ; c'était l'idée de Rollin et cependant un contemporain de La Chalotais dit qu'il y a encore des hommes sages qui hésitent à adopter cette idée parce qu'ils craignent des excès en sens contraire quand il s'agit d'une nouveauté[1]. On commencera par une Grammaire générale et raisonnée qui fasse connaître ce qui est commun à toutes les Langues, par exemple la Grammaire de Lancelot[2]. La Chalotais est infidèle au principe qu'il a posé qu'on doit passer du particulier au général ; ici il conseille le contraire. Il pense aussi, un peu témérairement peut-être, que l'usage est le meilleur maître en matière de Langues et il est en désaccord avec des écrivains qu'il a très souvent suivis et imités[3].

Quand l'enfant sera en possession des règles de la Grammaire, on passera à la lecture des Auteurs. Comme méthode d'explication, La Chalotais ne parle pas de celle qu'avait imaginée Vanière et qui, avec sa machine portative, son *Joujou littéraire*, pensait égayer des études ordinairement tristes[4] ; malgré l'opinion de Rollin[5], il juge très utiles les procédés de traduction interlinéaire

1. Bouchet, *Principes généraux et raisonnés de l'Orthographe française*. Paris, 1761.
2. *Essai*, p. 106.
3. *Ibid.*, p. 107. L'abbé Gédoyn observe que les Romains ne songeaient pas à se reposer sur l'usage pour apprendre leur propre Langue ; ils étaient « trop éclairés » pour penser ainsi.
4. Voir Vanière, *Discours sur l'Éducation*. Paris, 1760, p. 36 et suiv.
5. *Traité des Études*, livre I, ch. II, art. II (t. I, p. 409) : « des gloses interlinéaires qui ne sont propres qu'à entretenir l'esprit dans une espèce d'engourdissement, en leur (aux enfants) présentant l'ouvrage tout fait. »

qui avaient été recommandés par le Père Lamy[1], par Du Marsais[2], ou encore les textes dans lesquels la construction est marquée avec des chiffres[3]. Quel que soit le procédé, c'est par l'explication qu'on doit commencer et non par le thème. Mais, pourquoi. La Chalotais pose-t-il en principe qu'on doit apprendre une Langue morte de la même manière qu'on apprend sa Langue maternelle? Non seulement c'est une erreur de sa part, mais, de plus, son opinion est contredite par la méthode qu'il recommande lui-même, puisqu'il veut l'explication avant le thème. En parlant la Langue maternelle on suit plutôt le procédé analogue au thème, on « parle »; tandis que, en lisant les Auteurs, on « entend »[4]. Mais, ce qui constitue une méthode nouvelle, c'est la proscription du thème au début des études; et en cela La Chalotais sait qu'il est d'accord avec « les personnes instruites ». Depuis longtemps en effet, on reconnaissait l'abus des thèmes[5]; Rollin ne les jugeait utiles qu'après l'explication des Auteurs et à condition de ne pas en abuser[6], car on voyait facilement qu'on s'accoutumerait surtout à

1. Le P. Lamy, *Entretiens sur les sciences dans lesquels on apprend comme l'on se doit servir des sciences pour se faire l'esprit juste et le cœur droit, avec la Méthode d'étudier*. Lyon, 1684, p. 127.

2. *Encyclopédie*, art ÉDUCATION, 1755.

3. Delaunay, dans sa *Nouvelle Méthode*, apprenait à retourner la construction des phrases, en mettant en italiques les mots sous-entendus, nécessaires pour l'intelligence du Latin; et Rivard (*XIe Mémoire*, p. 265) conseillait d'arranger les mots selon l'ordre du Français.

4. *Essai*, ch. IX, p. 109. Cf. abbé Coyer, *Plan d'Éducation publique*, 1770: « Composer, c'est produire; et l'enfance n'est destinée qu'à recevoir. »

5. L'auteur du *Journal de Paris* disait en janvier 1724: « Tout le monde convient qu'il vaut mieux s'appliquer à la traduction du Latin en Français, qu'à la traduction du Français en Latin. »

6. *Traité des Études*, livre I, ch. 3e (t. I, p. 427 et suiv., 458 et suiv.).

un Latin barbare, et les plus beaux discours de nos rhéteurs ne paraîtraient à Horace ou à Virgile qu'un jargon inintelligible[1]. Cette réforme, d'ailleurs, découlait naturellement des idées de Port-Royal et elle s'opposait dans tous les esprits à la méthode que suivaient leurs ennemis, les Jésuites. Tel est le changement important que demande La Chalotais, ayant en vue l'utilité et songeant avant tout à la pratique de la vie ; le thème ne sert à rien puisqu'on n'a pas besoin de parler Latin ; la version est utile puisqu'on doit comprendre les Auteurs anciens[2].

II

Après avoir exposé ses idées sur l'étude des Langues, et sur la nécessité de mettre le Français à la première place, La Chalotais écrit un chapitre : *Ce que c'est que le goût, et quels sont les moyens de le former,* qui semble être une digression, mais qui se rattache à son idée maîtresse, et à sa méthode d'apprendre les Langues et les Littératures. Il veut montrer qu'il y a autre chose à faire, en étudiant le Latin, qu'à entretenir les enfants de thèmes, de prosodies, de figures de rhétorique ; de semblables occupations ne sont appréciées que par des « ignorants » ou par des « imbéciles [3] ». Au lieu d'un travail mécanique sur les mots et les syllabes, les mi-

1. *Essai,* ch. IX, p. 112. Cf. Helvétius, *loc. cit.*
2. *Ibid.* : « On peut imiter les Auteurs sans parler leur Langue, et on doit tâcher de traiter les matières dans la sienne, de la même façon qu'ils la traitaient dans la leur. »
3. *Essai,* ch. X, p. 122.

nuties de la grammaire, La Chalotais pense qu'on peut élever l'esprit des enfants jusqu'à juger les chefs-d'œuvre, et s'en faire une idée ; c'est pour cette raison qu'il y a place ici pour un chapitre sur le goût.

Le goût est un « discernement prompt, vif et délicat des beautés qui doivent entrer dans un ouvrage »; c'est « un don de la nature » ; mais il peut être perfectionné par l'exercice, comme on fait l'éducation des sens. Aussi, pour juger des ouvrages de l'esprit, faut-il du sentiment et de la discussion, c'est-à-dire, savoir justifier le sentiment par le raisonnement[1]. Il y a des moyens pour former le goût littéraire ; il faut examiner les principes et les règles en lisant et en analysant les grands modèles, comparer les Auteurs ensemble, non seulement les modernes aux anciens, mais aussi les modernes entre eux, lire les bonnes critiques faites des bons ouvrages, les critiques faites par les Auteurs eux-mêmes de leurs propres ouvrages[2] ; car la compagnie des bons Auteurs produit sur un homme le même effet que la « bonne compagnie » dans le monde.

Cette éducation du goût doit accompagner l'étude de la composition en Français et en Latin. Il faut, encore ici, avoir en vue l'utilité et la pratique. Aussi doit-on bannir absolument les exercices d'amplifications en prose et en vers ; ce sont des « inepties » ; La Chalotais passe

1. *Essai*, ch. x. p. 116 : « Tout ce que peut faire le raisonnement, c'est de justifier le sentiment du goût, comme la Mécanique démontre les mouvements d'un Danseur de corde : mais la Mécanique n'apprend point à danser ; il faut de l'usage, de l'exercice et de l'habitude. »

2. La Chalotais recommande, entre autres traités, les *Conseils à un Journaliste*, de Voltaire qui, dit-il « valent seuls un Traité complet » (p. 120).

assez rapidement sur ce sujet ; il s'en excuse, et il fait allusion à tous les écrits, à toutes les plaintes courantes à l'époque[1]. Au lieu de parler dans le vide, comme quand ils font parler César à ses soldats, les jeunes gens ne doivent parler que des sujets dont ils ont une connaissance suffisante ; au lieu « d'épîtres en l'air », qu'on les fasse écrire sur ce qui leur est arrivé effectivement ; qu'ils fassent le récit d'une cérémonie, d'une fête à laquelle ils ont assisté ; qu'ils racontent ce qu'ils ont vu, qu'ils décrivent une machine, un moulin, etc.; c'est plus difficile qu'on ne pense[2] !

En second lieu, on exercera les jeunes gens à faire des définitions ; on sait si rarement ce que signifie un mot, que l'on use de circonlocutions qui cachent le vague de la pensée.

Ensuite (et cet exercice est connexe du précédent), on comparera les synonymes, et les mots opposés de sens, afin de rendre l'esprit juste, en se servant du livre de l'abbé Girard[3].

Enfin, pour échauffer les imaginations froides, on fera faire des extraits, des analyses ; on apprendra aux Étudiants à décomposer un acte de Racine ; on leur

1. Cf. *Projet d'Études pour le Collège des Chanoines réguliers de Saint-Vincent de Senlis* et *Mémoires de Trévoux*, octobre 1763.
2. *Essai*, ch. XI, p. 123-126.
3. *Ibid.*, p. 126-127. L'ouvrage de l'abbé Girard, *Synonymes Français, leurs différentes significations et le choix qu'il en faut faire pour parler avec justesse*, était le premier ouvrage de ce genre publié en France ; la première édition date de 1718 (sous le titre : *Justesse de la langue française*), et la seconde, de 1736. Il « fixa l'attention des savants et le suffrage du public » (Beauzée, Préface aux *Synonymes Français*, 1775. Cf. D'Alembert, *Éloges des Académiciens*), et il fut traduit en anglais (*Journal Encyclopédique*, novembre 1762).

fera voir comment on peut animer ce « squelette décharné, et lui donner des chairs vives et des couleurs naturelles [1] ».

Mais le second âge n'est pas occupé uniquement par l'étude de la composition littéraire ; il y a d'autres études auxquelles les esprits attachaient alors une grande importance et qui, pour certains, étaient appelées à supplanter les lettres ; c'étaient les études scientifiques auxquelles, nous l'avons vu, La Chalotais a déjà donné une grande place dans la première éducation. Il reste à compléter cet enseignement de l'enfance.

III

La Chalotais revient d'abord aux études de Physique et de Mathématiques ; « ces connaissances sont le fondement de la vie humaine [2] », et l'on doit étudier la nature sur la nature elle-même, les arts et les manufactures dans les ateliers. Et, pour la connaissance des arts, La Chalotais conseille le travail manuel : on fera démonter et remonter des machines ; et il signale comme des chefs-d'œuvre les articles que l'*Encyclopédie* a publiés sur ces sujets. Enfin, pourquoi des Académiciens ne feraient-ils pas des Livres élémentaires [3] ?

1. *Essai*, ch. XI, p. 127. Cf. une opinion analogue exprimée par Rivard, *op. cit.*, *IXe Mémoire*

2. *Ibid.*, ch. XII, p. 130. Cf. Rolland, *Plan...*, *Recueil*, p. 144, qui proposait la création d'une chaire de Physique expérimentale, comme cela s'était fait au Collège de Navarre.

3. A part le *Dictionnaire de physique portatif, à l'usage des personnes qui n'ont aucune teinture de géométrie*, par un Professeur de phy-

On doit aussi perfectionner les connaissances sur la Géographie physique. Elle commençait à devenir une science, et, depuis une centaine d'années que Varenius lui avait appliqué de profondes connaissances de Physique et de Mathématiques, une révolution complète s'était opérée dans cette science[1]. S'inspirant de ces idées, La Chalotais ne veut pas qu'on enseigne un « détail ennuyeux de Villes, Bourgades, Bailliages », mais plutôt ce qui a trait à la Nation, et au pays lui-même. Il est plus utile de connaître la vie économique des différentes classes de la société ; et, en quelques mots, La Chalotais donne un véritable plan de ce que doit être l'enseignement de la Géographie en vue de la vie pratique.

Pour ce qui concerne l'Histoire, dont on n'a appris que les matériaux, par le récit de la vie des grands hommes[2], on doit, en complétant l'enseignement, avoir le souci de l'idée morale et de la formation des caractères[3]. L'Histoire ne doit pas être un simple entassement de faits ; et, comme l'a très bien vu l'abbé Fleury,

sique, 1759, il venait de paraître un ouvrage considéré comme très important, et qui donna lieu à des polémiques ; c'est le *Traité abrégé de Physique à l'usage des Collèges*, par M. de Saintignon, Procureur général des Chanoines réguliers de la Congrégation de N.-S. Paris, Durand, 1763, 6 vol. (Voir *Journal Encyclopédique*, mars 1763 ; *Mémoires de Trévoux*, février 1763 ; *Mercure de France*, avril et juin 1763).

1. *Essai*, ch. XIII. L'ouvrage de Varénius, *Géographia generalis in qua affectiones telluris explicantur*, Amsterdam, 1650, avait été traduit en français par Puisieux, en 1755, et Newton en avait publié une édition annotée.

2. *Essai*, ch. XIV, p. 132-138. Cf. ch. IV, p. 80.

3. *Ibid.*, p. 133 : il faut donner aux jeunes gens « des histoires où la morale fût plus éclaircie ».

que La Chalotais cite longuement, il faut sacrifier des détails inutiles, et ne pas encombrer la mémoire. Que l'on connaisse les rapports du passé avec le présent, l'histoire des sciences, des arts qui ont le plus de rapport à nos besoins[1]. La Chalotais tient à ce qu'on introduise dans l'Histoire ce qui, jusqu'alors, lui a le plus fait défaut, l'esprit philosophique[2]. On commençait cependant à avoir souci d'orienter dans ce sens l'enseignement de l'Histoire[3]; mais des essais isolés ne satisfaisaient pas l'homme pratique qu'était La Chalotais.

Mais, il est essentiel de savoir se servir de l'Histoire; et il faut que le Maître donne des règles aux élèves; à ce sujet, La Chalotais s'élève à des considérations qui dépassent le cercle relativement étroit de la méthode pédagogique. Pour l'usage même de l'Histoire, La Chalotais, dédaignant des livres tels que ceux de Thomassin, de Possevin, qui avait développé l'influence des Jésuites dans le Midi de la France, recommande surtout le livre de l'abbé de Saint-Réal[4], qui avait écrit sur la méthode de rendre l'Histoire plus agréable, sans oublier ses rapports avec la Morale, et tout ce qu'a pu écrire, sur ce sujet, Voltaire, dont il fait un grand éloge[5].

1. *Ibid.*, p. 136-137.

2. *Ibid.*, p. 137 : « Ce qui manque d'ordinaire à ceux qui écrivent l'histoire et à ceux qui la lisent, c'est l'esprit philosophique ».

3. C'est ce qui apparaît dans les *Tablettes et anecdotes historiques des Rois de France*, par M. Du Radier, avocat (*Journal Encyclopédique*, novembre 1759).

4. Saint Réal, *Usage de l'histoire*. Paris, 1671.

5. *Essai*, ch. xv, p. 138 : « Quand il établit des vérités, personne ne les établit mieux et ne les présente si bien ; il n'est pas possible de redire ce qu'il a dit, sans l'affaiblir. » Cf. *Ibid.*, ch. x, p. 113, où Voltaire est traité de « génie supérieur ».

Quant à la certitude en Histoire, dans un chapitre important, et où les idées sont fortement serrées et condensées, La Chalotais, s'inspirant des idées de l'*Encyclopédie*[1], étudie quelles sont les conditions du témoignage, « une des voies les plus étendues de la connaissance humaine[2] ». Il faut que l'Historien se mette à la place de ceux qui ont vu ou entendu eux-mêmes ; et son œuvre est comparable à celle d'un juge, discutant les témoignages ; il lui faut une grande prudence avant d'affirmer ou de nier ; parfois il faut douter, et « entre douter et croire il y a des nuances différentes qui n'ont pas même de nom particulier ».

Enfin, jusqu'où peut-on remonter en Histoire ? Avec l'abbé Fleury[3] La Chalotais remarque le peu que nous connaissons en comparaison de toute la suite des siècles ; et pour combien de Nations les premiers temps de l'Histoire ne sont-ils pas incertains ! Il n'y a que le Peuple Juif, dont on ne perde pas la trace. Il y a donc des moments où l'on doit se résigner à ignorer en matière historique ; les Historiens feront, comme les Géographes, qui constatent qu'au delà de certains pays, il y a des terres et des côtes inconnues[4] ; ou s'ils construisent, c'est en risquant que leur construction ne reproduise pas ce qui était, comme l'a très bien montré Fontenelle[5].

1. *Encyclopédie*, art. CERTITUDE. 1751.
2. *Ibid.*, ch. XVI, p. 139-141.
3. *Traité du Choix et de la Méthode des Études*, première partie, ch. XXX.
4. *Essai*, ch. XVII ; cf. ch. XXI, p. 163.
5. La Chalotais cite un long passage de Fontenelle, *Éloge de M. Bianchini* (cf. Fontenelle, *Œuvres*, t. VI).

C'est sur ces réflexions de haute portée que La Chalotais termine ce qui regarde l'Histoire, et d'une façon générale, ce qui a trait aux exercices et aux enseignements du second âge. Après avoir ainsi déterminé la méthode applicable aux études, on est en mesure d'aborder les questions relatives à l'éducation générale.

CHAPITRE VIII

L'ESSAI D'ÉDUCATION NATIONALE

La Critique et la Logique ; l'Esprit Philosophique. — La Morale et la Religion ; — le soin de la santé.

Après ces considérations, que nous venons de résumer, sur les divers enseignements, La Chalotais traite, dans toute son ampleur, le problème général de l'Éducation, tel que nous le traiterions aujourd'hui. Il considère l'homme tout entier [1] ; et il indique les procédés au moyen desquels on formera son intelligence, sa volonté et son corps. C'est l'éducation intellectuelle, morale et physique.

I

Comment se forme l'esprit ? Question capitale, car il ne s'agit pas uniquement de donner des connaissances [2] ; il faut aussi mettre le jeune homme en état de discer-

1. *Essai*, ch. XXVII, p. 189 : « C'est l'homme entier qu'il s'agit de former. »
2. *Cf. Ibid.*, ch. III, p. 56 : « On doit autant étudier pour se former que pour s'instruire » ; et *ibid.*, p. 61 : « L'art d'acquérir des connaissances, art inestimable, et peut-être supérieur aux connaissances mêmes. »

ner par lui-même ce qui est vrai de ce qui est faux[1], de pouvoir être son propre éducateur, une fois qu'il sera séparé de son Maître. Pour tout dire, La Chalotais ne songe pas ici uniquement aux élèves, il s'adresse, sans le dire expressément, aux Maîtres eux-mêmes[2].

C'est à propos de l'étude de l'Histoire, qu'il aborde ces questions ; et il consacre à la Critique et à la Logique trois chapitres qui, par leur élévation, leur netteté, peuvent être comparés au *Discours de la Méthode*. Partant de l'art qui « apprend à juger des faits, à en examiner les preuves », et reconnaissant que c'est un art « d'une vaste étendue », La Chalotais passe insensiblement à ce qui doit être le moyen de juger des connaissances de tout genre[3] ; mais il ne reste pas enfermé dans le cercle étroit de la connaissance pure ; il parle de cet art, comme s'appliquant aux choses pratiques ; les véritables méthodes sont celles qu'on peut « appliquer à l'usage de la vie » ; et ici, apparaît, comme nous l'avons remarqué à toutes les étapes du traité de La Chalotais, le souci de « la vie civile » et de ce qui peut être utile dans toutes les professions, pour les affaires des Particuliers, aussi bien que pour le gouvernement des États[4]. Il faut savoir raisonner d'après les principes et les règles, pour réussir dans les affaires et dans la

1. Cf. *Ibid.*, ch. I, p. 17 : « Sur mille Étudiants... à peine en trouverait-on dix.., qui pussent discerner habituellement une bonne raison d'une mauvaise, un fait prouvé de celui qui ne l'est pas. »

2. *Essai*, ch. XIX, p. 149 : « Souvent ceux qui ont enseigné cet art (l'art de raisonner) raisonnent le plus mal. »

3. *Ibid.*, ch. XVIII, p. 145-146.

4. *Ibid.*, ch. XIX, p. 146.

politique, comme pour progresser dans les sciences[1]; et cette supériorité de certains hommes, — analogue à celles de certains siècles relativement à d'autres, — vient du « caractère naturel de l'esprit » et de la connaissance de certaines règles[2].

Quelles sont les règles à suivre pour la formation de l'esprit? Si l'on sait par quelles causes certains siècles ont été supérieurs à d'autres, on aura la méthode pour rendre les esprits justes; et La Chalotais indique les quatre règles qui, dans leur application sont la caractéristique de l'esprit moderne, et en particulier du XVIIIe siècle. Avant tout, il faut bannir les systèmes, et, pour juger, attendre d'avoir les éléments nécessaires; jusqu'à ce moment, on doit suspendre son jugement[3]. C'est le véritable esprit critique, ce que La Chalotais avait appelé « le doute sensé et raisonnable », et qui est déjà « une science très réelle et très estimable ». Savoir ignorer à propos est plus efficace que de porter des affirmations téméraires[4]. La Chalotais se méfie avec raison de ces conclusions précipitées qui ont été, trop souvent, causes d'erreurs, ou d'arrêts dans le développement des connaissances. — En second lieu, il faut fixer les idées et les déterminer, et, pour cela, ramener les

1. *Ibid.*, p. 147.
2. *Ibid.*, p. 151.
3. *Ibid.*, ch. XX, p. 154. Cf. *Ibid.*, ch. I, p. 3 : « Le doute sensé et raisonnable », « une ignorance qui ne décide point, parce qu'elle se connaît elle-même », « c'est une science très réelle et très estimable que de savoir douter et apprécier son impuissance » ; et La Chalotais distingue cette ignorance prudente de l'ignorance « présomptueuse » qui décide, approuve et condamne avec une égale témérité.
4. *Ibid.*, ch. XX, p. 154.

idées abstraites et composées à des idées particulières et simples. Ce sont des « idées claires », comme aurait dit Descartes; et grâce à elles, on évite les décisions précipitées et les équivoques[1]. N'était-ce pas la méthode qu'avait employée le XVIIIe siècle, et qui consacrait sa supériorité vis-à-vis des siècles précédents? — Troisièmement, on doit s'assurer des faits avant d'en chercher les causes. Enfin, il faut appliquer à chaque sujet la preuve qui lui est propre. « C'est avoir fait bien du progrès, que de savoir en chaque matière, de quel genre de preuves on doit se servir, en matière de raisonnement, de faits, d'observations et d'expérience. » Il ne faut pas intervertir les preuves, les moyens divers de découvrir la vérité, suivant la nature de cette vérité; c'est bien le principe de toute Critique, que formule La Chalotais, quand il dit qu'il faut « ne pas exiger de la démonstration, où l'on ne peut obtenir que de la vraisemblance, et ne pas se contenter de vraisemblance, où l'on peut avoir de la démonstration[2] ». Ces règles se rattachent, d'ailleurs, à un autre principe que La Chalotais a posé, à l'idée de la méthode qu'il a suivie dans son traité, savoir que nos connaissances doivent être liées à des notions sensibles, car on ne peut pas remonter au delà, et, comme on l'a vu à plusieurs reprises, ce sont ces faits utiles qui formeront le caractère de l'esprit[3].

1. *Ibid.*, p. 155-156. La Chalotais ajoute comme corollaire : « Si les termes étaient exactement définis, si les sujets étaient décrits avec précision, la plupart des questions seraient terminées. »
2. *Ibid.*, p. 157-158.
3. *Ibid.*, p. 159. Les idées de La Chalotais sur la Logique et la Cri-

Après avoir établi les règles de la méthode, La Chalotais aborde les plus hauts problèmes de la Critique, de la valeur de la connaissance, et il indique la place que doivent occuper, parmi les démarches de l'esprit, les questions importantes qui dépassent la sphère des connaissances expérimentales et des connaissances démontrées. C'est l'objet des chapitres XXI-XXIV.

Ces problèmes sont ceux de la Métaphysique. Bien que La Chalotais attribue à la Métaphysique l'étude des questions supra-sensibles, telles que Dieu, providence, immortalité, liberté, c'est surtout comme complément de la Critique, et comme base de toutes les autres sciences qu'il la considère ; « elle instruit du but où tendent les facultés de l'homme, de leur étendue, de leurs bornes et de leur usage[1] ». Quand il parle d'une « Métaphysique éclairée », il entend parler, non pas d'un ensemble de connaissances toutes réalisées et déterminées, mais plutôt d'une attitude de l'esprit qui sait se résigner à ignorer ce qu'on doit ignorer, et à adapter à chaque connaissance la méthode qui lui convient. Aussi est-il essentiel de connaître la faiblesse de l'esprit humain, ses limites, et de montrer où la raison doit faire place à la Foi. C'est une science négative, dira-t-on ; mais cette science a un grand prix, et elle est tout aussi importante que les connaissances positives, puisque l'esprit doit savoir au delà de quel point il ne peut pas aller sans s'égarer[2] ; fixer cette limite est chose

tique seront approuvées par Rolland (*Plan d'Éducation*; *Recueil*, p. 140).

1. *Essai*, ch. XXI, p. 161.
2. *Ibid.*, ch. XXI, p. 163.

capitale, surtout pour les matières de raisonnement. « C'est étendre l'esprit humain que d'en faire connaître les bornes, c'est ménager ses forces, que de ne les pas employer inutilement : un fleuve qu'on resserre dans ses bords n'en devient que plus rapide. » Puisqu'il n'y a rien d'absolument certain que les « perceptions immédiates », il faut se défier des systèmes, suspendre son jugement dans toutes les questions qui touchent à l'essence des choses, à la région des possibles ; et La Chalotais se montre prudent à l'égard des affirmations analogues à celles de Spinoza et de Malebranche[1]. Admettant, au delà des perceptions connues, une région *inabordable, inconnue*[2], il paraîtrait à quelques-uns avoir devancé, jusque dans les termes, le positivisme du siècle suivant[3] ; mais ce n'est pas sa véritable position d'esprit ; il serait plutôt comme un criticiste moderne, ayant confiance dans les résultats scientifiques, et pensant que, l'esprit a, pour dépasser le domaine des faits, des moyens différents de ceux qui lui servent à connaître les choses de l'expérience. Pour ne pas errer, il suffit de se souvenir que ce qui n'est pas un fait ou qui n'est pas démontré ne doit pas être pris comme tel ; mais La Chalotais ne s'en tenait pas aux simples f firmations du sensualisme et aux données de l'expérience brute. Ami des Encyclopédistes, lecteur, sans aucun doute, de l'*Encyclopédie*, il a certainement connu le

1. *Ibid.*, ch. XXII, p. 166.
2. La Chalotais rapporte le mot de Plutarque, appliqué à l'Histoire, et que nous avons cité plus haut.
3. Cf. Littré, *Préface d'un disciple* : « C'est un océan qui vient battre notre rive, et pour lequel nous n'avons ni barque ni voile... »

magistral article que Turgot, encore jeune, avait publié dans ce recueil. Dans cette étude sur l'*Existence*, Turgot parlait, à propos de la connaissance des corps extérieurs, d'une induction qui serait le seul genre de preuves dont on pût se servir pour « assurer la réalité de tout ce qui n'est pas compris dans notre sensation actuelle et instantanée[1] ». La Chalotais a profité des idées que Turgot avait exprimées, et il en a fait une application à la Morale et à la pratique. Se rappelant aussi les indications de Leibnitz, il sait qu'il faut se contenter des vraisemblances; c'est encore la Logique, portant, non plus sur les matières où l'on peut atteindre la vérité, mais sur celles où l'on doit se contenter de vraisemblances, et de « présomptions »; il se sert de ce terme dont Leibnitz s'était déjà servi, en faisant remarquer que c'était un terme de jurisconsulte[2].

Aussi, est-il important de « faire attention » à ce mode de connaissance, de le perfectionner: on peut, par cela seul, en entrevoir les résultats.

Le résultat d'une pratique continuelle de la Logique et de la Critique, c'est l'acquisition de l'esprit philosophi-

1. *Encyclopédie*, art. EXISTENCE, t. VI, p. 175.
2. *Ibid.*, ch. XXII, p. 167-168. C'est une idée sur laquelle Leibnitz était souvent revenu comme il le dit lui-même (*Nouveaux Essais sur l'Entendement humain*, livre IV, ch. XVI; Erdmann, p. 388; cf. *Ibid.*, ch. II et XIV; Erdmann, p. 343, 384); mais, comme les *Nouveaux Essais* ne furent publiés qu'en 1765, c'est surtout à un important passage de la *Théodicée* (*Discours sur la conformité de la Foi avec la Raison*, 28-33; Erdmann, p. 488-489) que La Chalotais fait allusion. D'ailleurs, Locke avait parlé aussi d'un « simple crépuscule de probabilité » (*Essai philosophique concernant l'Entendement humain*, livre IV, ch. XIV, traduction par Coste, Amsterdam, 1750, 4 volumes, t. IV, p. 236: cf. Leibnitz. *Nouveaux Essais*, l. IV, ch. XIV, Erdmann, p. 384).

que. En quelques pages[1], La Chalotais caractérise ce qu'il entend par esprit philosophique. C'est un esprit de lumière, utile à tout, applicable à tout, qui rapporte chaque chose à ses principes, indépendamment des opinions et de la coutume. Distinct de la Philosophie, il lui est supérieur en ce qu'il s'applique à toutes les connaissances; il les connaît d'un coup d'œil d'ensemble, pour en discuter les données, les preuves, et établir des comparaisons entre elles. C'est l'esprit même du XVIIIe siècle, qui est le siècle de la Philosophie, tandis que les siècles précédents furent des siècles d'érudition ou de talents; et La Chalotais saisit l'occasion pour montrer que son siècle est le point où devaient aboutir les autres. Comme l'*Encyclopédie,* qui, montrant les points de contact entre les diverses connaissances, était la plus belle manifestation de l'esprit philosophique, La Chalotais pressent les résultats qu'il faut en attendre, mais l'esprit philosophique ne doit pas attaquer la Religion.

Au-dessus de cette qualité de l'esprit réfléchi, s'élève l'art d'inventer, qui est comme le « sublime de la raison », l' « *ultimatum* de la Philosophie » ; cet art, improprement nommé ainsi, parce qu'il est en dehors des règles et des instructions, et participe, en quelque sorte, à la prescience divine, est le propre du génie ; il ne se contente pas de passer par les intermédiaires pour aller d'un point à un autre ; ce n'est pas, dirions-nous en langage moderne, un raisonnement discursif ; c'est

1. *Essai,* ch. XXIII, p. 168-172.

une intuition qui « voit la liaison de plusieurs théorèmes éloignés les uns des autres ». C'est un don de la nature seule[1]; mais, malgré cela, on peut le développer, grâce à une « éducation dirigée suivant les principes d'une exacte Philosophie »[2]; et l'on peut voir comment, dans les choses pratiques, cet art trouve son emploi; il y est besoin de plus d'esprit de finesse que pour résoudre les plus forts problèmes d'algèbre. Deux hommes diffèrent quand ils s'appliquent à la même chose, par la prudence, par le don de la prévision, qui font de certains d'entre eux des génies prophétiques et des hommes inspirés.

Il est à remarquer comment, dans cette partie de son œuvre, La Chalotais s'est élevé comme, en suivant les degrés d'une dialectique intellectuelle, des modes inférieurs et les plus répandus de la connaissance où l'expérience est tout, au mode suprême caractérisé par cela que l'esprit, dépassant les faits, en découvre les liaisons, et au besoin les crée, poussé par son irrésistible instinct de savoir. Ici, nous sommes loin de la « capacité vide » que La Chalotais admettait au début, et des affirmations du sensualisme; il suit une inspiration toute différente.

II

Après la formation de l'esprit par la Critique et la Lo-

1. *Ibid.*, ch. XXIV, p. 177: « une matière qui n'est pas susceptible de règles, et qui ne peut-être que le fruit du génie.
2. *Ibid.*, p. 171.

gique, on doit s'occuper de la formation du cœur, et combattre les vices. C'est l'objet de la Morale[1].

Comme Helvétius et les Encyclopédistes, La Chalotais ne sépare pas la Logique de la Morale ; comme eux et comme, avant eux, Descartes, il croit à une liaison entre le jugement et l'action ; et pour lui cette doctrine abstraite se traduisait par l'affirmation d'une influence nécessaire des lumières sur la moralité et le bonheur. « Tous les vices, dit-il, sont fondés sur de fausses opinions et sur des erreurs »[2]. Nous avons déjà rencontré dans l'œuvre de La Chalotais, des affirmations de ce genre ; mais, il ne paraît pas aussi convaincu de la vérité de cette doctrine, car, ici même, il lui apporte un correctif ; il est hésitant[3]. Puis, cherchant à préciser sa pensée, ne voulant pas que l'on confonde le savoir utile aux mœurs avec un savoir quelconque, et revenant à la question des affaires de la vie, La Chalotais ajoute : « La justesse d'esprit et la droiture du cœur sont inséparables ;... travailler à se rendre l'esprit juste, c'est travailler en même temps à se rendre le cœur droit »[4].

Laissant de côté ce point de vue théorique dont la

1. *Essai*, ch. xxv, p. 177-186.
2. *Ibid.*, p. 177.
3. *Ibid.*, p. 178 : « Il est vrai que l'homme ne suit pas invariablement ses principes..... Celui qui a des connaissances solides ne fera pas toujours le bien qu'il voit..... La lumière conduit ordinairement à la vertu ; les ténèbres et l'ignorance conduisent au vice » ; p. 179 : « Les actions des hommes sont ordinairement une conséquence de leurs principes. » « L'influence des notions n'entraîne pas toujours ; elle agira plus ou moins à mesure que les notions seront plus ou moins fortement enracinées. »
4. *Ibid.*, p. 179.

discussion n'était pas indispensable dans un traité d'éducation pratique et utilitaire, La Chalotais se plaint de la place restreinte qui a été donnée, dans les Écoles, à la Morale, alors que c'est une science « autant qu'aucune autre, susceptible de démonstration »[1]. Il est à remarquer que, parlant ici avec l'autorité d'un réformateur de l'esprit et de la conscience publique, La Chalotais oublie facilement ses idées sensualistes et empiriques; la grandeur et la valeur de la loi morale lui semblent au-dessus de tout, supérieures aux lois positives divines et humaines; car elle est « de tous les siècles, de tous les pays, de tous les mondes »[2]; il y a des principes innés de justice et de vertu, au delà desquels on ne peut pas remonter, pas plus qu'en fait de connaissances, on ne peut pas remonter au delà des perceptions immédiates ou des qualités sensibles. Que sont, par exemple, les différences de Religions? au-dessus d'elles, il y a une loi générale de justice qui permet, entre les fidèles de ces Religions, « un commerce de mœurs »[3]. Il s'en suit que la Morale est indépendante de la Révélation; c'est une vérité que La Chalotais cherche à établir fortement. « La Révélation est un fait, dit-il. La Morale gît toute en droit. La Révélation est un droit divin positif; la Morale est un droit divin éternel et immuable »; et si la Révélation « ajoute des motifs surnaturels » pour que l'homme fasse encore mieux la

1. *Ibid.*, p. 180.
2. *Ibid.*, p. 182, 186.
3. *Ibid.*, p. 183 : « Qu'est-ce qu'un Catholique, un Protestant, un Juif, un Mahométan, qui traitent et qui trafiquent ensemble, exigent réciproquement l'un de l'autre? »

distinction du bien et du mal, cette distinction même vient « de la raison et de la nature même des choses »[1]. Comme l'avait fait remarquer l'abbé Gédoyn, dont La Chalotais cite un long passage[2], il y a tout avantage à établir cette séparation. Il ne faut pas se le dissimuler; la Religion est mal enseignée, et on l'attaque de toutes parts[3]; elle a été compromise par des querelles d'où l'on aurait dû la dégager, par des discussions sur des « bagatelles sacrées » qui l'ont discréditée[4]. Or, si un jour elle disparaît, elle entraînerait dans sa chute la Morale qui lui serait enchaînée. Par conséquent, si l'enseignement des lois divines regarde l'Église[5], l'enseignement de la Morale appartient à l'État et lui a toujours appartenu[6]. Les Païens séparaient bien la Morale et la Religion; il peut en être de même aujourd'hui.

Mais, La Chalotais repousse l'idée de la disparition de la Religion; ce serait nuisible pour les États et pour les Particuliers, car la Religion est l'inspiratrice des lumières des Philosophes modernes[7]; il pense aussi qu'il faut conserver le culte public, expression même du sentiment religieux[8]; mais on peut réaliser la séparation entre les lois fondamentales d'une Nation, et ses idées

1. *Ibid.*, p. 192.
2. Gédoyn, *De l'Éducation des enfants*, p. 48.
3. *Essai*, ch. XXVII, p. 194, 199.
4. Cf. *Ibid.*, ch. XX, p. 158; et D'Alembert, *Destruction des Jésuites*, p. 92: « ces bagatelles sacrées, comme les appelle un célèbre Magistrat. »
5. Cf. ch. I, p. 22: « l'Église, véritable école de la Religion »; et p. 199, « le droit d'enseigner la Religion qui est réservé aux Ecclésiastiques ».
6. *Ibid.*, p. 191, 196.
7. *Ibid.*, p. 197-198.
8. *Ibid.*, p. 198, 201.

religieuses. Ce que prêche La Chalotais c'est, avec le respect des idées religieuses, la concorde entre les ministres de l'Église et les dépositaires de l'autorité temporelle ; il devait plus tard faire un réquisitoire en ce sens au Parlement [1] ; et il faut dans l'éducation affirmer la valeur inappréciable du principe moral, d'où dérivent le droit positif divin, le droit des gens et le droit civil.

Si, du point de vue théorique, on passe au point de vue pratique et pédagogique, on doit aussi reconnaître que la Morale est la partie « la plus importante de l'éducation ». On sait que l'Histoire peut servir d'école de Morale [2] ; et, au lieu de réduire l'enseignement moral à « quelques questions scolastiques et inutiles », La Chalotais voudrait que les jeunes gens fussent au courant des questions de droit naturel, de la Morale et de la Politique ; il indique les Livres dont on pourrait se servir utilement. En un mot, il faut, de plus en plus, se rapprocher de la réalité ; l'éducation ne doit pas porter uniquement sur les connaissances de pure curiosité. Il faut aussi, comme il dit plus loin [3], se préoccuper de la connaissance des affaires ; et, traçant très rapidement le plan d'un enseignement civique, il renvoie au livre de l'abbé Fleury, dont il cite les chapitres de l'Économie

1. Voir dans les Registres secrets, le réquisitoire de La Chalotais (audience du 18 août 1763) à propos du recueil des *Assertions*, et de la condamnation de l'évêque de Soissons. Il ne reconnaît pas à un tribunal étranger et religieux le droit de juger un évêque gallican.

2. *Ibid.*, p. 180, 186, cf. ch. IV, p. 75, et l'idée contraire défendue par Rousseau (*Émile*, livre II ; *Œuvres*, t. III, p. 192).

3. *Ibid.*, ch. XXVII, p. 190.

(*sic*), et de la Jurisprudence[1]. Fleury avait, en effet dans ces judicieux chapitres, posé admirablement le principe qui est celui-là même de La Chalotais ; « l'école n'est bonne qu'en tant qu'elle sert pour le reste de la vie[2] », et il avait indiqué les connaissances nécessaires « aux affaires les plus communes et les plus ordinaires qui vont à l'entretien de la vie et au fondement de la société civile[3] ». La Chalotais ne pouvait pas citer de plus beau modèle. Mais le dessein de faire entrer dans un Plan d'Études ces connaissances pratiques n'était pas particulier à La Chalotais ; on le retrouve dans les Mémoires des Officiers royaux et municipaux de plusieurs villes[4], et dans les projets de certains éducateurs de l'époque[5]. L'organisation de la vie pratique est donc, comme nous l'avons déjà vu, le vœu du pays tout entier.

1. Fleury, *Traité...*, ch. XXVI : Économique ; ch. XXVII : Jurisprudence. La Chalotais pouvait aussi citer, comme rentrant dans le même cercle d'idées, le chapitre suivant : Politique.

2. *Ibid.*, p. 193.

3. *Ibid.*, p. 182. Fleury se plaignait déjà de la négligence de ses contemporains pour des connaissances de ce genre ; et il juge l'étude du Droit usuel aussi utile et aussi aisée que celle de la Philosophie (*Ibid.*, p. 189, 192).

4. A Poitiers, on demandait « l'étude du droit public, de celui des nations et de nos précieuses libertés » ; à Montbrison, on voudrait qu'on proposât « des questions de Droit public » (Rolland, *Recueil*, p. 693, 717).

5. Rivard (XIVe *Mémoire*) réclame un Cours de Morale, l'étude du Droit et des Lois, pendant la seconde année de Rhétorique, et il cite la *Lettre sur la nécessité et la manière de faire entrer un Cours de Morale dans l'Éducation publique* 1762. La même préoccupation se manifestera dans le livre *De l'Éducation civile* de Garnier qui formait le projet d'une troisième année de Philosophie, où l'on étudierait la morale pratique, économique et politique, comprenant le droit de la nature et des gens, la science de l'homme civil (Bachaumont, *Mémoires*, 19 mai 1765, t. II, p. 194).

III

La Chalotais reconnaît qu'il n'a pas, sur l'éducation morale, dit tout ce qu'il aurait dû dire ; il compte sur l'expérience et la lecture. Il est encore plus bref sur l'éducation physique [1]. Ce n'est pas qu'il s'en désintéresse ; n'a-t-il pas dit que « c'est l'homme tout entier qu'il s'agit de former » ? il devait d'autant plus songer à cette partie de l'éducation, qu'elle avait été très négligée [2], et qu'on s'en plaignait avant lui [3]. Mais il renvoie au livre de l'abbé Fleury. Il insiste sur la nécessité de déraciner certains préjugés des gouvernantes et des mères, de détruire certaines erreurs, par la vulgarisation des connaissances physiques et des expériences, qu'il a recommandées, quand il traitait de l'éducation du premier âge ; et il cite le livre de Tissot qui, tout récent, était d'une utilité incontestable, et devait avoir plus tard un succès remarquable [4] ; il est même surprenant qu'il n'ait pas songé à ce que dit Locke sur le même sujet [5].

Mais il ne suffit pas de songer aux soins de la santé ; il faut aussi qu'on forme et qu'on perfectionne les corps

1. *Essai*, ch. XXVII, p. 188-190.
2. Cf. *Ibid.*, ch. I, p. 30 : « On a trop mis à l'écart le soin de la santé, les moyens de la conserver, et les exercices du corps. »
3. Rollin, *Traité des Études*, livre VII. Première partie, article XI (T. IV, p. 522 et suiv.).
4. Il s'agit du livre de Tissot, *Avis au peuple sur sa santé*, 1761, qui fut traduit dans toutes les langues, et passa pour un service rendu à l'humanité.
5. Cf. Locke, *Quelques pensées*... (1re section).

comme on fait les esprits. Il faudrait un traité de Gymnastique; ces exercices étaient passés de mode en France et faisaient la supériorité des Anglais[1]; ne devons-nous pas aussi prendre modèle sur les Grecs? ce souvenir de la civilisation grecque n'est pas le seul dans l'œuvre de La Chalotais[2]. Tout moderne qu'il était, il ne dédaignait pas systématiquement la culture des Anciens.

Telles sont, d'après La Chalotais, les règles essentielles pour la formation intellectuelle, morale et physique du futur citoyen. C'est par ces vues que pouvait se terminer l'*Essai,* mais La Chalotais présente encore quelques considérations accessoires pour la mise en pratique de son Plan d'Études.

1. Grimm (*Correspondance,* 1er mai 1762, t. V, p. 81-82) : « En France, la race a dégénéré à proportion qu'on a négligé les exercices du corps... La paume et d'autres exercices d'adresse et de force sont complètement tombés ; nos jeunes gens ne s'appliquent aujourd'hui qu'à mener un cabriolet... », et Grimm établit un parallèle entre les Français et les Anglais dont il proclame la supériorité.

2. Cf. *Essai,* ch. I, p. 27 : « Comparons la sombre obscurité de nos classes à la gaité du Portique et du Licée. » *(sic)* Cf. Helvétius, *De l'Esprit,* discours IV, ch. XVII (t. III, p. 238), d'après lequel il faut s'en rapporter aux Grecs qui honoraient les exercices du corps.

CHAPITRE IX

L'ESSAI D'ÉDUCATION NATIONALE

Cinquième partie : Conséquences du Plan proposé et moyens de l'exécuter.

Avant de terminer son Mémoire, La Chalotais tient à présenter quelques observations relatives à l'organisation pratique des études; c'est l'objet d'une dernière partie (ch. XXVIII-XXX). Mais au moment d'aborder cette question, il se souvient qu'il a oublié de signaler certaines défectuosités de l'éducation actuelle ; et dans un chapitre qui aurait trouvé sa place naturelle au début de l'*Essai*, il signale deux abus essentiels dont il faut débarrasser les Collèges. Revenons avec lui sur cette critique.

I

Il dit simplement « deux mots » sur l'abus qu'on faisait dans les Collèges des Cahiers dictés aux élèves de Rhétorique et de Philosophie. Ces observations visent essentiellement l'enseignement de la Philosophie dont il n'a traité qu'en passant et qui, dans sa pensée, devait prendre une place importante. Il pensait évidemment, avec beaucoup d'hommes de son siècle, que la Philosophie qu'on enseignait ne roulait que sur des mots[1], qu'il faudrait la dégager de nombreuses questions inutiles[2] et, en réagissant contre l'usage, la traiter en Français[3]. Mais, avant tout, l'abus le plus scandaleux, c'est celui des Cahiers que l'on dicte aux élèves, de ces « misérables leçons » inutiles qui occasionnent une perte de temps considérable et qu'on ne prend pas la peine de conserver. La Chalotais en appelle « à l'expérience » de tous ceux qui le liront[4] pour condamner ce que plus tard on appellera « ce galimatias dicté dans la poussière des classes »[5].

L'usage de ces Cahiers était invétéré dans l'Université ; en 1578, elle avait bien essayé de donner force de loi aux statuts du cardinal d'Estouteville, dont l'un interdisait aux Professeurs de se servir de Cahiers dans leurs leçons pour que les élèves ne fussent pas privés de la connaissance des textes ; mais la routine subsista et elle existait encore à l'époque de La Chalotais. Aussi, quand on parle d'enseignement de la Philosophie, on pense immédiatement à la dictée des Cahiers, de sorte que cette étude apparait à tous « barbare »[6] ; et l'on préfère

1. *Essai*, ch. III, p. 61.
2. C'était l'opinion de l'abbé Gédoyn, *De l'Éducation des enfants*, p. 45. Cf. *Encyclopédie*, art. SYLLABAIRE (t. XV, p. 713 *b*).
3. *Essai*, ch. IX, p. 105 : « La Philosophie doit, malgré le mauvais usage, être traitée en Français. » Cf. Rolland, *Plan d'Éducation* (*Recueil*, p. 143).
4. *Ibid.*, ch. XXVIII, p. 201-202.
5. Mercier, *Tableau de Paris*, t. VIII, p. 176.
6. *Journal Encyclopédique*, mai 1763 ; Bachaumont, *Mémoires*, 27 novembre 1762 (t. I, p. 149).

voir adopter un bon ouvrage de Philosophie qui remplacerait avantageusement cette méthode vicieuse[1]. C'est un cri unanime. Les périodiques de l'époque protestent contre les Cahiers et indiquent, en se posant des objections, la manière de les remplacer; on voit même dans ces Cahiers particuliers un obstacle à la réalisation de l'unité d'enseignement qu'on avait dessein d'introduire dans les Collèges[2]. Les éducateurs sont pour la plupart de l'avis de La Chalotais. Déjà, au XVIIe siècle, le P. Lamy avait condamné l'usage des Cahiers que l'on jugeait à tort être agréables aux élèves[3]; et, au moment même où La Chalotais écrivait, Rivard réclame une Philosophie imprimée qui aurait de grands avantages sans empêcher les Professeurs de soutenir leurs opinions particulières[4]. L'auteur d'un *Traité de physique* fort remarqué constate que le temps de ces dictées est perdu pour des explica-

1. C'est ainsi que le rédacteur du *Journal Encyclopédique* (mai 1763) fait un grand cas d'un ouvrage : *Philosophia ad usum scholarum accommodata*, que venait de publier Antoine Seguy, professeur de l'Université de Paris.

2. Les *Mémoires de Trévoux* (février 1763, à propos du *Cours de Philosophie suivant une nouvelle méthode*, par M. P. L. R., 3 vol.) n'admettent l'usage des Cahiers qu'au temps où l'imprimerie n'existait pas. Cf. *Ibid.*, mars 1763 : On pourrait croire que, si l'on donne des traités imprimés, on étouffera les talents des Professeurs ; mais, en réalité, le Professeur exercera mieux encore son talent en parlant de vive voix.

3. Le P. Lamy, *Entretiens sur les sciences dans lesquels on apprend comme l'on se doit servir des sciences, pour se faire l'esprit juste et le cœur droit, avec la Méthode d'étudier*. Seconde édition. Lyon, 1694 ; VIe entretien, p. 250-255 : « On croit que cela attache les écoliers qui prennent plaisir d'avoir des Cahiers écrits de leurs mains... Les élèves prennent mal ce qu'on leur dicte, ne peuvent pas le relire, et l'étudier exactement. »

4. Rivard, *Recueil de Mémoires; 1er Mémoire*. La même opinion avait été défendue par le P. Lamy (*op. cit.*, p. 252) et le sera par Rolland, *Plan...* (*Recueil*0).

tions plus utiles[1] ; c'était aussi l'avis que Daragon, professeur au Collège de Beauvais, exposait dans une brochure anonyme[2]. Seul, le Père Navarre, malgré certaines idées novatrices, maintenait l'usage des Cahiers[3]. Mais dans le pays on se plaignait amèrement de cette étude fastidieuse et les Officiers royaux et municipaux qui déploraient sans doute le temps qu'ils avaient perdu au Collège, demandent dans leurs Mémoires que la suppression des Cahiers soit une des premières réformes[4]. La Chalotais ne faisait donc que se conformer aux idées courantes autour de lui et il pensait qu'on finirait par vaincre toutes les résistances[5].

Une autre critique qu'il formule rapidement procède du même esprit. Pourquoi faire apprendre par cœur des Rudiments et des Particules? Ces exercices de mémoire sont absolument funestes; et si l'on veut cultiver cette faculté, il vaut mieux faire apprendre les plus beaux morceaux de Littérature Française et Latine qui peuvent

1. De Saintignon, *Traité de Physique*. Cf. *Année littéraire*, 1763, t. I, p. 189.

2. *Lettre de M. *** à M. l'Abbé ***, Professeur de Philosophie en l'Université de Paris, sur la nécessité et la manière de faire entrer un Cours de Morale dans l'Éducation publique*. Paris, Durand, 1762.

3. Le P. Navarre, *Discours qui a remporté le prix*, etc.; *Solution*, p. 55. Il faut remarquer que les ennemis des Parlementaires font grand cas du P. Navarre. V. *Compte rendu au Public*, etc., t. II, p. 355, note : « Nous examinerons quelque jour si le P. Navarre, de la Doctrine Chrétienne, l'ornement de la ville de Toulouse qui pleure sa perte, ne mérite point d'être placé à côté des Magistrats Instituteurs. »

4. Voir Rolland, *Compte rendu sur le Collège d'Auxerre, sur le Collège d'Orléans* (*Recueil*, p. 394, 579).

5. Bachaumont (*Mémoires*, 27 novembre 1762, t. I, p. 149) parle de certaines « contestations » et de difficultés.

servir de modèle[1]; il y a un bien plus grand avantage à lire les livres originaux au lieu de ne les connaître qu'à travers les extraits et les commentaires des Régents.

Emploi des Cahiers, exercices de mémoire, tels sont les deux abus dont doit se débarrasser l'éducation. Après avoir ainsi déblayé le terrain il faut montrer les avantages du Plan proposé.

II

Ayant confiance dans l'initiative du Roi, « monarque sage et prudent »[2], et sans attendre les résultats de l'expérience, La Chalotais pense que le Plan d'Études qu'il a proposé est « fondé sur la nature de l'esprit, sur les faits constants et sur les principes de la connaissance humaine »[3]. Le but qu'il vise, c'est la précision et la netteté de l'esprit que l'éducation doit donner au jeune homme; l'essentiel pour lui n'est pas d'avoir acquis de nombreuses connaissances au cours des études qu'il aura faites, mais d'avoir « l'art d'en acquérir » et de savoir se frayer un chemin dans la vie. Il doit être en mesure de « choisir une profession avec connaissance », car ce choix est une condition de succès; nous savons la terreur de La Chalotais pour ces gens inutiles qui, s'étant trompés de voie, sont à charge à eux-mêmes et aux autres. Il compte sur l'éveil du goût qui se manifeste

1. *Essai*, ch. XXIX, p. 203.
2. *Ibid.*, ch. XXIX, p. 203-213.
3. *Essai*, ch. XXIX, p. 204.

malgré nous; et, comme cela s'est vu dans l'histoire, combien de jeunes gens ne sentiront pas s'éveiller en eux les tendances de ce qu'ils doivent être à la seule connaissance des hommes qui ont vécu avant eux[1] !

Mais La Chalotais voit en outre dans la réforme des études, telle qu'il la propose, des conséquences pratiques considérables; et ces dernières pages de l'*Essai* ne sont pas seulement écrites par un éducateur, elles sont dues à un sociologue singulièrement attentif aux faits qui se passaient autour de lui, et qui les juge en indiquant le remède dont certains maux sont susceptibles.

D'abord[2], les Nobles bien éduqués ne déserteraient pas la campagne comme ils le font; ils n'iraient pas dans la Capitale chercher la fortune et les plaisirs; attachés à leur pays, ils vivraient heureux en agriculteurs et aussi en lettrés; les deux qualités ne s'excluent pas pour La Chalotais qui voulait réagir contre l'« exode rural» et contre la langueur où tombait la vie locale dont il pressentait les conséquences funestes pour le pays. En effet, depuis longtemps, la Province se vidait au profit de Paris qui exerçait sur elle une sorte d'attraction, car les carrières ne sont ouvertes qu'aux courtisans et l'on considère comme le pire des maux la contrainte de résider sur ses terres[3]. Mirabeau constatait, en 1756, et déplorait cet abandon de la campagne[4]. Plus tard, un étranger

1. *Ibid.*, p. 204-206. Cf. supra.
2. *Ibid.*, p. 207.
3. Taine, *les Origines de la France contemporaine*, t. I, p. 67-76.
4. Mirabeau, *Traité de la population*, 1756, p. 108 : « Il n'y a pas dans le royaume une seule terre un peu considérable dont le propriétaire ne soit à Paris, et conséquemment ne néglige ses maisons et ses châteaux. »

voyageant en France fera avec ses compatriotes des comparaisons peu flatteuses pour nous[1]. Des seigneurs, philanthropes pratiques s'intéressant à la vie des champs et pensant à les mettre en valeur, comme le duc de La Rochefoucauld-Liancourt, étaient des exceptions. Mais en écrivant ces lignes, La Chalotais ne songeait pas seulement à des contemporains, il regardait en lui-même; car, lui, il n'avait pas songé à déserter sa Province; et, pour se délasser de ses travaux de Magistrat, il s'intéressait aux expériences agricoles qu'il avait instituées au Plessix de Vern et à Caradeuc[2]; membre actif de la *Société d'agriculture de Bretagne,* ses doléances contre l'émigration de ses compatriotes ne sont donc pas de simples arguments d'écrivain; elles sortent de sa propre vie qu'il pouvait donner comme exemple.

De plus, ce n'est pas seulement aux hommes qu'il faut, par une éducation bien comprise, donner de nouvelles mœurs. C'est aussi du concours des femmes qu'on peut attendre une amélioration pour le pays. Leur éducation a été très négligée; si elles étaient mieux instruites, elles élèveraient mieux leurs enfants. Pourquoi les Françaises ne feraient-elles pas comme toutes les femmes célèbres qui ont élevé des héros? ce qui ne les empêcherait pas d'être « aimables[3] ». Il est réconfortant de voir La Chalotais avoir toujours confiance dans les

1. Arthur Young, *Voyages en France,* I, 78: « L'exil seul force la noblesse de France à faire ce que les Anglais font par préférence: résider sur leurs domaines pour les embellir. »
2. Louis de Villers, *La Chalotais, agriculteur*; B. Pocquet, *op. cit.,* t. I, p. 161-162.
3. *Essai,* p. 207-208.

forces natives du pays, et attendre, de sa puissante originalité, les plus féconds résultats.

Autre conséquence d'une meilleure éducation : le Seigneur deviendrait le bienfaiteur de ses Vassaux ; le rentier abandonnerait la vile chicane, et le service de la guerre serait accompli sérieusement, parce qu'on aurait reçu une instruction solide, et parce que ce métier ne serait pas choisi au hasard des circonstances[1].

La Chalotais qui a déjà vu, par son exemple, ce que peut être une vie employée en vue de l'utilité publique, ne pouvait pas manquer de penser au milieu dans lequel il vivait. Au risque de blesser la vanité de certains de ses collègues, il écrit qu'une forte éducation aura de bonnes conséquences pour la profession de Magistrat[2]. Il voyait autour de lui des ignorants et des incapables, qui, non contents d'avoir eu accès au Parlement, par suite de leurs relations de famille, et parce qu'ils étaient « agréables à la Compagnie[3] », ne songeaient nullement à acquérir les connaissances nécessaires à leurs fonctions[4] ; il voudrait que les Magistrats

1. *Ibid.*, p. 208-209.
2. *Ibid.*, p. 209-210.
3. Saulnier de la Pinelais, *Les Gens du Roi au Parlement de Bretagne*, 1 vol. in-8. Rennes, 1902, p. 58 : « Il est indubitable que le Parlement de Rennes compta dans son sein des ignorants et des incapables » ; cela à la suite des dispenses que le Roi accorda, en 1755, aux fils de Maîtres de se faire recevoir dans les charges de leurs pères avant vingt-cinq ans, et aussi pour « tous sujets agréables à la Compagnie ». Voir Le Moy, *op. cit.*, p. 18-19.
4. « Le mal ne serait pas grand si, après la réception, on s'appliquait à acquérir la connaissance nécessaire » (Notes manuscrites ajoutées par M. Desnos des Fossés, conseiller au Parlement de Bretagne, à la suite d'un volume imprimé intitulé « Privilèges de MM. de la Cour du Parlement de Rennes », 1627, — Bibliothèque Municipale de Rennes).

fussent appliqués et laborieux[1], judicieux et raisonnables ; il pense que la connaissance de la Philosophie et des Belles-Lettres ne peut que leur être profitable ; et il montre l'orientation que peuvent donner à un Magistrat la véritable morale et la sage politique.

Le Négociant et le Commerçant profiteront aussi d'une bonne éducation ; ils auront le goût d'aller dans les pays étrangers chercher des connaissances utiles. Il faut, en cela, imiter les Anglais, et il ne serait pas superflu d'avoir en France une société, comme la Société Royale de Londres, qui donne aux Navigateurs des instructions et de précieuses directions[2].

On peut aussi prévoir qu'un Ministre de la Religion pourra, en dehors de son ministère, rendre de grands services à la Nation. Pourquoi se renfermerait-il dans son latin et dans sa scolastique ? Si, au lieu de l'éducation stérile qu'ils ont reçue, ils s'étaient approchés des connaissances vraiment utiles, les Curés les répandraient utilement autour d'eux.

La Chalotais voudrait un Curé s'occupant de choses pratiques, donnant aux paysans des notions de Droit, de Médecine usuelle, et contribuant ainsi au bonheur des hommes[3].

Enfin, ce sont tous les ordres de l'État qui sont capables de travailler au bien général ; rappelant un mot de l'abbé de Saint-Pierre, La Chalotais souhaite de voir

1. Comme on le constate dans les procès-verbaux des audiences, les membres du Parlement n'y étaient guère assidus.
2. *Essai*, p. 210-211.
3. *Ibid.*, p. 211-212.

des hommes bienfaisants ; ce qu'il faut surtout éviter, ce sont les hommes de parti, les fanatiques ; et il rappelle que de pareils défauts ne sont jamais à craindre chez des hommes instruits, tant il est convaincu que la science conduit au bonheur !

III

Il reste une dernière question : de quelle manière pourra-t-on exécuter ce Plan d'Études ? Il y avait, on s'en souvient, bon nombre d'adversaires des réformes qui opposaient toujours les difficultés de réalisation pratique, pour faire échouer tous les projets ; et bien que son autorité de Magistrat lui eût permis de regarder de très haut les arguments plus ou moins sérieux apportés par la foule des écrivailleurs, La Chalotais n'esquive pas les objections ; c'est l'objet du dernier chapitre de l'*Essai*.

D'abord, il se met sous le patronage de Fleury, de Locke, de Nicole dont il a été l'interprète. Mais, dit-on, un bon Plan d'Études ne suffit pas ; pour l'exécuter, il faut des Maîtres ou des Livres, peut-être des uns et des autres ; et l'on n'a rien. Pour ce qui regarde les Maîtres, on sait qu'on ne peut pas en voir tout à coup surgir, comme de terre, par cela seul qu'on en réclame[1] ; et c'était ce que les Jésuites criaient bien fort pour montrer l'impos-

1. *Essai*, ch. xxx, p. 215 : « C'est un ouvrage de longue haleine. » *Post-scriptum*, p. 221 : « Il est impossible de faire tout à coup une pareille recrue dans le royaume. »

sibilité de les remplacer, car ils savaient que l'Université n'avait pas des « pépinières » de Régents[1]. La question des Maîtres inquiétait certains éducateurs ; on pensait qu'il fallait avant tout, fonder une École pour les former. L'abbé Pellicier venait de publier une judicieuse brochure[2], qui ne fut pas prise au sérieux par tout le monde[3]. Il y démontrait la nécessité d'un établissement nouveau que l'État ne doit pas se borner à encourager, mais qu'il est seul capable de faire exister. L'auteur comptait, d'ailleurs, sur l'amour du bien public qui a des ressources infinies ; et dans le projet qu'il élabore, il entre dans tous les détails d'organisation de cette École qui dispenserait d'établir des concours pour le recrutement des Maîtres, et donnerait de meilleurs résultats[4]. De même Rivard trouvait singulier que l'autorité publique règle l'apprentissage pour les moindres corps de métiers, mais ne se préoccupe pas du droit d'enseigner ; et faisant remarquer qu'une très grande science ne confère pas nécessairement le talent de la communiquer aux autres, il demande la création d'une *Maison d'Institution,* à laquelle on annexerait un

1. *Appel à la Raison...,* p. 163.
2. *Mémoires sur la nécessité de fonder une École pour former des Maîtres selon le Plan d'éducation donné par le Parlement en son arrêt du 3 septembre* 1762, in-12, 1763 (Malgré cette date les *Mémoires* ont été écrits antérieurement ; chacun d'eux est daté).
3. Grimm, *Correspondance,* 15 décembre 1762, et 15 avril 1763 ; t. V, p. 196 et 267. Au contraire, les *Nouvelles ecclésiastiques* (7 décembre 1762) louent la « sagesse » de cette brochure, et souhaitent qu'on exécute les plans proposés par de tels Maîtres (Cf. *Ibid.,* 31 octobre 1763).
4. *Mémoires...,* 2e *Mémoire,* 25 octobre 1762 ; 3e *Mémoire,* 14 novembre 1762.

Collège, qui serait comme une maison d'apprentissage pour ces jeunes gens[1].

Ce problème ne préoccupe pas autant La Chalotais ; et même, selon lui, aurait-on des Maîtres, cela ne dispenserait pas des Livres, tandis que ceux-ci « dispenseraient peut-être d'avoir des Maîtres[2] ». D'ailleurs, les Livres sont faciles à faire ; et faits « avec un esprit philosophique », ils serviront toujours « d'instruction et de méthode d'instruction ». Nous avons vu, au cours de l'analyse de l'*Essai*, le nombre incalculable de Livres que cite La Chalotais, à propos des différents enseignements; c'est certainement à tous ces Livres qu'il songe ; on pourrait en faire des « compilations sensées et raisonnables ». Et quand, par ordre du Roi, on aura de bons Livres, il suffira qu'un Maître ait de la Religion, des mœurs, et qu'il sache lire. Ce procédé d'enseignement par le livre permettrait même un genre d'éducation qui était préconisé par des contemporains, et dont Rousseau venait de donner le plan ; c'est l'éducation domestique. La Chalotais qui n'a pas examiné la valeur de ce genre d'éducation, puisqu'il traitait uniquement d'éducation publique, éprouve le besoin d'en dire un mot aux dernières lignes de l'*Essai*, comme s'il voulait calmer certaines préventions, et montrer, à l'exemple de certains éducateurs de son temps[3], qu'on pourrait concilier les

1. Rivard, *Recueil de Mémoires* ; Ve *Mémoire* ; cf. *Préface* ; *Réponse à quelques objections* ; et Xe *Mémoire*.
2. *Essai*, ch. XXX, p. 215.
3. L'auteur des *Lettres sur l'Éducation* qui avaient paru en 1762 (Cf. *Journal Encyclopédique*, novembre 1762), pensait que les enfants pouvaient aller en classe au Collège, puis revenir à la maison paternelle. Cf *Essai*, ch. II, p. 48.

avantages de l'éducation publique et ceux de l'éducation particulière. Mais, en somme, pour lui, la question ne se pose vraiment pas; car l'éducation publique, telle qu'il la conçoit, ne ressemble en rien à celle qui existait dans les maisons des Jésuites; et il a soin de le répéter. Point de vie claustrale et sédentaire qui effrayait, à juste titre, certaines familles. Déplorant que, jusqu'alors, les Maîtres se déchargent de tout travail sur les enfants, il juge qu'il suffit de quatre ou cinq heures de classe par jour; et, dans les premières années, il faut que les leçons soient apprises en se promenant[1]. Le Collège ressemble à la famille; et ainsi tombent toutes les objections au Plan qu'a proposé La Chalotais.

En terminant la lecture de l'*Essai*, dont nous n'entreprendrons pas la critique, un éducateur de 1763 aurait remarqué que, malgré le grand nombre de problèmes que La Chalotais a agités, il en est deux qu'il ne s'est pas posés, bien qu'ils fussent à l'ordre du jour. On se demandait si, dans la nouvelle organisation des Collèges, on établirait des Maîtres stables dans chaque classe, ou si ces Maîtres monteraient avec leurs élèves en les suivant ainsi dans leurs études. Le premier système était celui de l'Université, le second était pratiqué

1. Grimm avait exposé des idées analogues; en rendant compte du *Mémoire* de Combalusier, il indique un « plan d'éducation raisonnable et facile à exécuter » (*Correspondance*, 1er mai 1762; t. V, p. 81). « Excepté l'étude de la grammaire et des langues, tous les autres exercices de la jeunesse ne devraient pas se faire dans ces halles fermées qu'on appelle classes, mais dans les lieux publics, dans les promenades, dans les champs, dans les ateliers, etc. » Cf. *Ibid.*, septembre 1753; t. II, p. 276 et suiv.

dans certaines communautés, et chez les Jésuites. Le problème n'était pas nouveau, puisque l'abbé de Saint-Pierre l'avait discuté et résolu à la façon de l'Université[1]. Mais à l'époque de La Chalotais, tout le monde s'en occupe: Officiers municipaux[2], membres du Présidial[3]; et enfin tous les auteurs de projets de réformes; on imagine et on propose plusieurs systèmes, ou l'ascension des Professeurs[4], ou l'ascension partielle, et la fixité partielle[5], ou l'alternance des Professeurs de Logique et de Physique, comme cela se pratiquait à Paris, ou une alternance de classes prises deux à deux[6]; etc. La Chalotais n'a pas envisagé la question dans l'*Essai*; c'est seulement dans les notes marginales, mises au Mémoire du Présidial de Vannes, qu'il exprime son opinion; il est nettement opposé au changement des Professeurs dans les classes[7].

On discutait aussi pour savoir quelle devait être la place de la Rhétorique dans la série des classes. Certains

1. Abbé de Saint-Pierre, *Projet pour perfectionner l'éducation*, Observation X. *Œuvres diverses*, t. I, p. 114 et suiv.; Objection III (*Ibid.*, p. 201 et suiv.).

2. Rolland, *Recueil*, p. 579: discussion à Orléans entre les Officiers municipaux et les Officiers du Bailliage.

3. *Mémoire du Présidial de Rennes* (Archives d'Ille-et-Vilaine).

4. *Lettre à M. l'Abbé *** sur cette question: Les gens de communauté sont-ils aussi propres à l'éducation publique que les particuliers?* 1763.

5. Guyton de Morveau, *Mémoire*, etc. (Cf. Rolland, *Plan*; *Recueil*, p. 135).

6. Rolland, *Plan*; *Recueil*, p. 136; Rivard, *Recueil de Mémoires*, IVe *Mémoire*.

7. La même opinion est exprimée par l'auteur de *L'Inutilité des Jésuites* (p. 54 et suiv.); par suite du changement, les Jésuites n'ont « qu'une espèce de teinture universelle qui couvre assez bien la médiocrité des talents »; au contraire, grâce à la stabilité des Professeurs, les élèves profitent des progrès des Maîtres et de leur expérience.

pensaient qu'on devait rompre avec l'usage établi et faire la Rhétorique après la Philosophie, parce qu'il est utile de savoir raisonner avant de parler[1]; d'autres apercevant les bonnes raisons en faveur d'un changement, craignent la désertion des Collèges après la Philosophie[2], et, pour tout concilier, demandent que la Philosophie soit encadrée entre deux Rhétoriques[3]. La Chalotais, qui n'ignorait pas le problème, ne le traite pas de façon approfondie ; c'est, en passant, qu'il y fait allusion, sans donner un avis motivé. « Peut-être serait-il mieux, dit-il, de finir par la Rhétorique, ou du moins de ne pas abandonner les Belles-Lettres pendant la Philosophie »[4].

C'étaient là des problèmes qui, avec beaucoup d'autres, auraient sans doute trouvé place dans un traité postérieur, plus pratique encore que l'*Essai*, et réglant tous les détails d'administration, si La Chalotais avait continué son œuvre d'éducateur, et si, Magistrat et homme politique, il n'en avait pas été éloigné par d'autres soucis et d'autres affaires.

1. Le Meur, *Mémoire du Bur[illegible]u servant de la Communauté de Rennes*... Colomb, *Plan raisonné*, etc.
2. Rivard, *Recueil de Mémoires*, [illegible] *Mémoire*, p. 190.
3. Id., *Ibid.*; et *Lettre où l'on ex[illegible]mine*, etc.; post-scriptum
4. *Essai*, ch. IX, p. 106.

CHAPITRE X

L'ESSAI D'ÉDUCATION NATIONALE, JUGÉ PAR LES CONTEMPORAINS

Après avoir déposé l'*Essai d'Éducation Nationale,* au Parlement de Rennes, le 24 mars 1763, La Chalotais le rendit public, le fit imprimer et distribuer. L'ouvrage n'était donc pas un simple Mémoire destiné à rester dans des archives où personne ne serait allé le découvrir ; et bien que l'opinion fût, en ce moment, très portée à l'étude de ces problèmes actuels, elle aurait pu être attirée par des publications d'un autre genre. Mably publiait les *Entretiens de Phocion,* qui faisaient un certain bruit[1]; Jean-Jacques Rousseau lançait sa *Lettre à Christophe de Beaumont,* qui attisait encore les querelles des Jansénistes et des Jésuites[2]; et cependant tout le monde s'empressa de lire l'opuscule de La Chalotais qui était répandu dans le public à la fin d'avril ou dans la première quinzaine de mai[3].

1. Bachaumont, *Mémoires,* 18 avril 1763, t. I, p. 207.
2. Id., *ibid.,* 7, 18 mai, 3 juin 1763.
3. Les *Mémoires de Trévoux* annoncent l'*Essai* aux « Livres Nouveaux » dans la livraison d'avril ; et Bachaumont, le 13 mai.

Il est intéressant de savoir ce qu'a pensé de cet ouvrage le public de l'époque.

I

Le public lettré, dont l'opinion se reflète dans les notes au jour le jour de Bachaumont, fit bon accueil à l'*Essai*, et, le comparant à l'*Éducation Publique*, applaudissait à la vigueur que déployait La Chalotais pour anéantir la Société de Jésus et restaurer l'enseignement. Mais, dans ses notes rapides, le chroniqueur ne nous dit rien des conversations et des discussions que l'ouvrage a pu susciter dans les réunions tenues habituellement chez lui[1]. De son côté, Grimm annonce aux cours étrangères qui reçoivent sa *Correspondance*, l'*Essai* comme un ouvrage de premier ordre. L'auteur est un « illustre Magistrat, un philosophe, un homme d'État, et un homme d'État qui pense »[2]. Pour faire l'éloge du livre, il rabaisse même son siècle[3]; il en reconnaît les vues

1. Bachaumont, *Mémoires*, 13 mai 1763 (t. I, p. 217). « *Plan d'Éducation Nationale par M. de La Chalotais.* Ce Magistrat infatigable, après avoir fait voir la nécessité de profiter de la crise actuelle pour réformer les études, très mauvaises aujourd'hui, vient de déposer au Parlement de Bretagne un ouvrage sur cette matière ; il est dans les mêmes principes que l'auteur de l'*Éducation Publique*. Ils diffèrent dans les moyens à employer. Sans doute que les yeux se dessilleront enfin, et qu'on opérera un changement si nécessaire. On ne saurait qu'applaudir surtout à la guerre constante et raisonnée que M. de La Chalotais ne cesse d'exercer contre la gent monacale. »

2. Grimm, *Correspondance*, 1er juin 1763 (t. V, p. 308-310).

3. *Ibid.*, p. 309 : « Cet ouvrage prouvera à la postérité que la France n'a pas manqué d'excellentes têtes dans un siècle où l'on a fait si peu d'excellentes choses. »

sages, profondes qui le rendent « digne de l'immortalité »[1], et il compare ce Plan, le seul ouvrage vraiment sérieux[2], à tout ce que des pédants de Collège ont pu écrire sur la même matière[3]; plus tard, dans une autre occasion, il lui donnera encore d'autres éloges[4].

Les journaux et les feuilles périodiques de l'époque s'occupent de l'*Essai*; en juin, le *Journal Encyclopédique* en donne une analyse; et, en août, il y revient en disant que cet ouvrage peut « être mis à la tête de tout ce qu'on a vu ces derniers temps », et il fait l'éloge du plan suivi par l'auteur. Les *Nouvelles ecclésiastiques* constatent que l'*Essai* « attire l'attention universelle », et le chroniqueur signale la « multiplicité des grandes vues, l'immensité des détails, la métaphysique et le subtil de certains articles, des endroits clairs et précis »[5]. Les *Mémoires de Trévoux*, en annonçant l'*Essai*, disent que l'importance de l'objet et la réputation du Magistrat qui l'a traité les forceront à y revenir avec détail; et, en effet, la livraison de juin contient une longue analyse[6];

1. *Ibid.*, p. 309.
2. *Ibid.*, 15 septembre 1763 (t. V, p. 391): « le seul ouvrage digne d'un Magistrat et d'un homme d'État que nous ayons vu depuis nombre d'années. »
3. *Ibid.*, 1er juin 1763 (*Ibid.*, p. 309): « Il y a loin d'un philosophe qui propose un plan raisonné à un Régent de Collège qui arrange pédantesquement la distribution des classes. »
4. Voir. *Correspondance*, 15 novembre 1764 (t. VI, p. 123-124) « le seul Magistrat qui ait les idées et le ton d'un homme d'État... Il mériterait d'être à la tête de la magistrature ».
5. *Nouvelles ecclésiastiques*, 31 octobre 1763. Malgré cette date, l'impression donnée par les *Nouvelles ecclésiastiques* est bien l'impression même du moment où parut le livre; car c'est l'habitude des *Nouvelles* de ne parler des événements que longtemps après. Il y a même des cas où elles laissent passer plus de temps que pour le fait en question; elles étaient cependant hebdomadaires.
6. *Mémoires de Trévoux*, juin, p. 1373-1398.

le chroniqueur suit pas à pas l'*Essai*, en empruntant quelquefois ses expressions. Il en approuve les « vues patriotiques, reconnaît que les réformes proposées pour l'enseignement de la Philosophie « annoncent un esprit philosophique » et qu'il a raison de condamner les Cahiers et les exercices de mémoire. Tout au plus, au sujet de « quelques propositions détachées et indépendantes en quelque façon du corps du Plan », aurait-il des observations à présenter. Il en formule même sur la sécularisation de l'enseignement, tout en disant qu'il garde un « silence respectueux sur l'application des raisons qui fondent cette réclamation », parce qu'il juge la matière « délicate »; et cette demi-prudence qui ne se gêne pas pour décocher des traits contre un auteur, au moyen de sous-entendus, parut injustifiée à certains lecteurs des *Mémoires*, appréciant surtout la droiture de La Chalotais, et réclamant la même franchise chez ses contradicteurs [1].

Le *Mercure de France*, plus attentif aux productions légères, ne signale pas l'*Essai*; l'*Année littéraire* est muette; son directeur, Fréron, était l'ennemi de tout le parti philosophique avec lequel La Chalotais avait des relations; il devait même, l'année suivante, avoir des démêlés avec lui [2].

Le *Journal des Savants* se contente de mentionner

1. *Nouvelles ecclésiastiques*, 31 octobre 1763 : « Que craignaient donc les Journalistes ? La droiture des intentions d'un Magistrat, d'un Magistrat qui se montre partout comme ne cherchant que le vrai, et se défiant de ses propres lumières, devait les rassurer. »

2. Grimm, *Correspondance*, 1er octobre 1765 (t. VI, p. 380).

l'*Essai*, aux « Nouvelles littéraires[1] », et encore en dénaturant le titre par une faute grossière : Essai d'Education Naturelle (*sic*), qu'il ne rectifie même pas dans ses *Errata*.

D'ailleurs, dans un certain monde, l'*Essai* dut passer inaperçu. Barbier, dans sa *Chronique*, ne signale pas son apparition, alors qu'il avait parlé des *Comptes rendus*. L'expulsion des Jésuites était un fait plus frappant pour le commun des esprits, dont était Barbier, que la publication d'un ouvrage pédagogique.

Mais La Chalotais se consolait de cette indifférence, venant de quelques-uns d'entre ceux qui faisaient l'opinion publique, par la sympathie et l'admiration des personnes impartiales. Voltaire ne lui ménage pas les compliments. Nous avons déjà dit que La Chalotais lui avait envoyé le manuscrit de l'*Essai*. Bien qu'il fut, en ce moment, occupé par l'affaire Calas, Voltaire lui répond par sa lettre du 28 février. Il pense que l'*Essai* devrait être intitulé : *Instructions d'un homme d'Etat pour éclairer toutes les conditions*, et il en fait un grand éloge[2]. Le 4 mai, La Chalotais envoie à Voltaire un exemplaire de l'*Essai*[3]. Celui-ci lui écrit le 22 juin, et, lui annoçant que le livre a été lu à Genève, il ajoute : « Vous faites de l'institution des enfants un grand objet de gouvernement. Pourquoi ne tirerait-on pas du

2. *Journal des Savants*, juin 1763, p. 447, colonne 2.

2. « Il n'y aura point de père de famille qui ne regarde votre livre comme le meuble le plus nécessaire de sa maison, et il servira de règle à tous ceux qui se mêleront d'enseigner. Vous vous élevez partout au-dessus de votre matière. »

3. La lettre, selon Moland (*Œuvres de Voltaire*, t. XLII, p. 101, note 4) est signalée dans un catalogue d'autographes. Voir *supra*.

sein de nos Académies les meilleurs sujets qui voudraient se consacrer à des emplois devenus par vous si honorables? Mais il faudrait Michel de l'Hôpital ou M. de La Chalotais pour chancelier »; et le 26 septembre 1764, il lui écrira de nouveau, en faisant l'éloge de son éloquence, de ses excellentes méthodes pour élever les jeunes gens en citoyens. « Vous me paraissez, dit-il, le Procureur Général de la France entière » ; et parlant des progrès de la raison qui étend son empire, il ajoute : « Encore quelques hommes comme vous, et le genre humain en vaudra mieux ».

II

L'*Essai* ne fut pas lu seulement par des amis; les ennemis de La Chalotais le lurent aussi[1]. Nous savons que le duc d'Aiguillon, qui avait cependant parlé favorablement des *Comptes rendus,* fut sévère et trop rigoureux pour l'*Essai,* dont il a entièrement méconnu le mérite[2]. Mais, c'étaient surtout les amis des Jésuites qui profitaient de l'occasion pour se venger des *Comptes rendus*. Ils se moquent de la prétention qu'a ce Magistrat de traiter des questions d'éducation, de réformer les Collèges, et lui donnent ironiquement des titres ron-

1. *Nouvelles ecclésiastiques,* 31 octobre 1763: « Amis et ennemis l'ont lu en effet. »

2. C'est ce que rapporte Marion (*Op. cit.*, p. 173 et note 2); l'opinion du duc d'Aiguillon se trouve dans le *Journal du Commandement* qui est inédit.

flants[1]; ils pensent que les insultes adressées à La Chalotais retomberont sur tous les Parlementaires. Ne répand-on pas le bruit qu'il ne savait même pas le Latin[2]? On le traite d'Encyclopédiste[3], et l'on insinue que son *Essai* n'a eu de succès que grâce à la camaraderie entre gens d'une même coterie qui ont su le lancer[4].

Plus tard, cependant, le directeur même de l'*Encyclopédie*, Diderot, parlera d'une singulière façon du livre de La Chalotais. Bien que déjà l'*Essai* fut traduit en hollandais, en russe, en allemand[5], Diderot trouvera que La Chalotais, « malgré tout son génie, n'a rien fait qui vaille, faute de s'être demandé ce qu'il fallait faire[6] ».

1. *Compte rendu au Public*, etc., t. I, p. 243 : « Ce sage réformateur de l'éducation »; p. 298 : « Pédagogue du genre humain »; p. 319 : « le réformateur de l'éducation de la jeunesse »; p. 394 : Me Caradeuc, directeur *légal* des études nationales ».

2. *Ibid*, t. I, p. 300.

3. *Ibid.*, t. I, p. 160; p. 230, 387 : « l'Encyclopédiste breton ». L'auteur ajoute : « M. Caradeuc pourra analyser les principes de l'*Encyclopédie* pour en exprimer un plan d'éducation conforme à ses vues philosophiques; il pourra même, en qualité de Pédagogue du genre humain, exhorter les nouveaux Professeurs à inspirer à leurs élèves l'amour du vrai ; mais si cet amour du vrai ne doit produire que des sentiments d'horreur pour ceux qui ont fait servir le mensonge à leur injustice, le réformateur de l'éducation peut se promettre à coup sûr l'exécration de la postérité » (t. I. p. 298). — Cf. Grimm, 15 avril 1762 (t. V, p. 73) : « Il y aura des gens qui seront étrangement scandalisés d'apprendre que les principes de M. de La Chalotais sont ceux du Président de Montesquieu et de l'*Encyclopédie*. » — *Nouvelles ecclésiastiques*, 31 octobre 1763.

4. *Compte rendu au Public*, t. II, p. 355, note : « Me Morveau a donné un plan d'éducation; Me Caradeuc n'a donné qu'un *Essai sur l'éducation* ; on décerne cependant le premier rang à Me Caradeuc, à cause de sa qualité d'Encyclopédiste. ».

5. L'*Essai* fut traduit en hollandais, Amsterdam 1767, in-8 ; en russe, Pétersbourg, 1770, in-8 ; en allemand, Gottingue, 1771, in-8.

6. Diderot, *Voyage à Langres*, 1770 (Ed. Assézal, t. XVII, p. 360). Voici la suite du passage : « Il a pris pour modèle de son instruction un enfant comme il s'en trouverait à peine un seul sur cinq cents, au lieu que le vrai représentant de la généralité des enfants n'est ni

Quand il écrit son *Plan d'une Université pour le gouvernement de Russie, ou d'une éducation publique de toutes les sciences*, où il y a un chapitre : Des auteurs qui ont écrit de l'instruction publique, Diderot oublie de citer La Chalotais; et cependant, il veut que l'on forme des citoyens utiles, des sujets zélés et fidèles; il a le même programme que les réformateurs de 1762. Il ne s'aperçoit pas que c'est sur ces questions que La Chalotais a insisté. Cet oubli pourrait s'expliquer par ce fait que Diderot n'était pas un érudit, et n'aimait pas l'érudition; mais surtout par une sourde jalousie pour le succès d'un Parlementaire encore ignoré; il prouve surtout qu'il n'y avait pas eu, pour glorifier l'*Essai*, la camaraderie encyclopédique dont parlaient les amis des Jésuites.

D'après tout ce que nous avons dit, il est aisé de voir que, si l'*Essai* eut un grand succès dans un certain public, on trouve, à son égard, une certaine défiance. Il est certain qu'un semblable ouvrage, dû à un Magistrat, étonna. On avait demandé des traités officiels aux Universités, aux Académies, aux hommes que leurs

un imbécile ni un aigle. » — Il est intéressant de lire le jugement, tout au moins bizarre, de Diderot, sur tous les écrivains pédagogues de la période à laquelle il fait allusion (*Plan d'une Université*) : « Aucun d'eux [de ceux qui ont écrit sur l'instruction publique] qui nous ait indiqué les vrais moyens de la rectifier ; nulle distinction entre ce qu'il importe à tous de savoir et ce qu'il n'importe d'enseigner qu'à quelques-uns ; nul égard ni à l'utilité plus ou moins générale des connaissances, ni à l'ordre des études qui devrait en être le corollaire. Partout la liaison essentielle des sciences ou ignorée ou négligée. Pas le moindre soupçon que quelques-unes, nécessaires dans toutes les conditions de la société, et ne tenant à d'autres que par un fil trop long et trop délié, semblent exiger et exigent un cours séparé qui marche parallèlement au premier. »

fonctions désignaient pour parler en spécialistes, sur une semblable matière. On s'était adressé à ceux que Grimm nomme « les pédants de l'Université », mais les pédants n'avaient fait que « bavarder[1] » ; et, malgré tous les éloges qu'il décerne à l'*Essai*, et qui sont plutôt personnels, Grimm ne dissimule pas que le succès de l'*Essai* a été plutôt un succès d'estime, parce qu'on se souvenait de l'impression produite par les *Comptes rendus*[2] ; et que ce livre n'a pas eu, auprès de tous, le succès qu'il méritait[3].

Ces réticences de Grimm montrent que certaines objections circulaient contre l'*Essai*. On y constatait des omissions, le défaut même de quelques expressions, des taches[4] ; et c'est surtout, sans doute, la question de la Religion qui pouvait émouvoir les esprits. La Chalotais voulait séculariser l'enseignement ; et, parlant en philosophe, il avait admirablement posé la distinction de la Morale et de la Révélation. Sur ce sujet, il avait reçu l'approbation de Voltaire, même avant que son livre ne fût rendu public[5] ; mais des personnes qui lui

1. Grimm, *Correspondance*, 1er juin 1763 (t. V, p. 309).
2. *Ibid.* : « Il s'en faut bien que cet *Essai d'Éducation Nationale* ait eu le succès du *Compte rendu de l'Institut des Jésuites*, et il n'en faut pas moins que le crédit et l'autorité que M. de La Chalotais s'est acquis par ce dernier ouvrage, pour lui pardonner d'avoir fait cet autre, digne de l'immortalité. »
3. *Ibid.*, 15 septembre 1763 (t. V, p. 391) : « Il est malheureusement vrai que l'ouvrage de M. de La Chalotais n'a point eu de succès, parce que cet illustre Magistrat s'y est montré plus philosophe que janséniste. »
4. *Nouvelles ecclésiastiques*, 31 octobre 1763.
5. Voltaire, Lettre à La Chalotais, 28 février 1763. « Je m'en tiens pour la Religion, à ce que vous dites avec l'abbé Gédouin, et même à ce que vous ne dites pas. La Religion la plus simple et la plus sensiblement fondée sur la loi naturelle est sans doute la meilleure. »

étaient sympathiques font remarquer que, sur cette question délicate, il n'a pas assez prévu la malignité de ses ennemis et n'a pas pris assez de précautions contre elle[1]. Il aurait pu éviter certains éloges, dit-on; on lui reprochait, sans aucun doute, d'avoir parlé favorablement de Voltaire et des Philosophes[2]. En un mot, on trouvait La Chalotais trop franc, trop loyal, ayant parlé et discuté sans ambages, au lieu d'avoir pris les tournures obliques et indécises, afin de ménager toutes les susceptibilités, en étant de l'avis de tout le monde.

III

La Chalotais n'était pas disposé à fuir les objections; sans aucun orgueil il cherchait à s'entourer des réflexions que pouvaient suggérer ses propres idées; n'avait-il pas dit, en déposant l'*Essai* au Parlement, qu'il demandait des « éclaircissements » à ceux qui

1. *Nouvelles ecclésiastiques*, 31 octobre 1763 : « Combien n'a-t-on pas regretté... qu'en parlant de la Religion, de son étude, de ses principes, de ses maximes, de sa pratique, de ses controverses véritables, il ne l'ait pas toujours fait comme M. de Monclar venait de le faire dans ses deux Plaidoyers, qui n'ont donné nulle sorte de prise à la calomnie ! » — La *Biographie* de Weiss et Busson reprochera plus tard à La Chalotais d'avoir écrit un traité d'éducation « dont la religion ne fait point la base. »

2. *Ibid.*, cf. Grimm, *Correspondance*, 1er juin 1763 (t. V, p. 309) : « Que penser d'un Magistrat qui ose regarder M. de Voltaire comme le premier homme de la Nation ; qui dit que les articles de M. Diderot sur les arts, qu'on lit dans l'*Encyclopédie*, sont des chefs-d'œuvre ; qui cite sans cesse les noms de Dumarsais, de D'Alembert, de Condillac, tous philosophes qui, n'ayant jamais été ni molinistes, ni jansénistes, et n'ayant jamais professé que la raison, doivent être également en horreur à tous les partis ? »

voudraient bien en fournir pour le bien général. Si nous en croyons le rédacteur des *Nouvelles ecclésiastiques*[1], il aurait lui-même provoqué des objections, en écrivant à Paris « à une personne de mérite », pour la prier de lui communiquer ce qu'on disait de son livre, disposé qu'il était à profiter des observations des personnes judicieuses sur les points controversés.

Quoi qu'il en soit, quelques mois après l'apparition de l'*Essai*, il parut une brochure qui avait pour titre : *Difficultés proposées à M. de Caradeuc de La Chalotais Procureur général au Parlement de Bretagne sur le Mémoire intitulé : Essai d'Education Nationale ou Plan d'Etudes pour la jeunesse, présenté au Parlement le 24 mars 1763.* Cette brochure, parue à Paris, sans nom d'imprimeur, était anonyme, et présentait avec une certaine méthode des objections aux théories exposées dans l'*Essai*. Quel pouvait bien être l'auteur de cette brochure qui semblait répondre si rapidement aux désirs du Procureur Général? On nous dit que c'est « un esprit connaisseur », et que l'ouvrage « où règne la plus grande modération est d'une main amie qui paraît remplie de respect et d'estime pour l'illustre Magistrat[2]. » A cette indication vague, Grimm avait déjà donné, par avance une certaine précision ; mais les indications de Grimm n'étaient pas connues du public. Grimm, qui connaissait tous les dessous de la littérature désigne l'auteur des *Difficultés* en le traitant, de « triste et

1. *Nouvelles ecclésiastiques*, 31 octobre 1763. Le rédacteur est très affirmatif : « Nous savons positivement que, etc. »
2. *Nouvelles ecclésiastiques, loc. cit.*

plat pédant[1] » ; et, étant donné le vocabulaire littéraire de l'époque, il y avait bien des chances pour que Grimm eût en vue un professeur de l'Université[2]. D'ailleurs, quelques mois plus tard, parlant des *Observations sur le livre de l'Esprit des Lois* que venait de publier Crevier, il se sert à l'égard de l'auteur d'expressions analogues ; il dit « le lourd M. Crevier ;.... il est aussi triste que lourd ;.... le pauvre M. Crevier ne sera jamais qu'un pédant[3] ». Aussi a-t-on cru, non sans raison, que l'auteur des *Difficultés* était Crevier[4]. A ces présomptions s'ajoutent des réflexions que Voltaire avait déjà adressées à La Chalotais, dans sa lettre du 9 juin. Il lui dit : « Je ne suis point du tout étonné que le pédant lourd, crasseux et vain soit fâché qu'un homme qui n'a pas l'honneur d'être pédant de l'Université lui enseigne son métier ». Voltaire n'était pas tendre pour les « bacheliers en fourrure » ; et il pouvait faire allusion à n'importe quel professeur de l'Université. Mais les expressions dont il se sert ici lui seraient habituelles, quand il parle de Crevier ; il l'avait ainsi désigné dans un morceau rendu public[5]. Il s'en suit donc, que sans s'aventurer outre mesure, on peut dire que l'auteur des *Difficultés* était

1. Grimm, *Correspondance*, 15 septembre 1763, t. V. p. 391.
2. Cf. S. Mercier, *Tableau de Paris*, passim.
3. Grimm, *Correspondance*, 15 janvier 1764 (t. V, p. 442-443).
4. C'est l'opinion de M. Tourneux, d'après Taschereau (à propos du passage cité ci-dessus, t. V, p. 391, note), et celle de Barbier (*Dictionnaire des Anonymes*).
5. Voir *Les chevaux et les ânes ou Étrennes aux sots*, Satire, 1761 (éd. Molland, X, 132 sq.).

Le lourd Crevier, pédant crasseux et vain,
Prend hardiment la place de Rollin
Comme un valet prend l'habit de son maître.

Crevier, qui ne paraissait guère estimé de son temps[1]. Grimm ajoute, en parlant des *Difficultés,* qu'elles sont restées dans l'obscurité, dont elles étaient dignes, « qu'elles n'ont été lues de personne ». C'est fort possible; mais comme elles ont toujours été lues par La Chalotais, qui avait sans doute dessein d'en profiter, si jamais il donnait une seconde édition de l'*Essai*[2], nous devons les parcourir et indiquer les principales critiques qu'elles présentaient.

L'auteur des *Difficultés* a très bien divisé son ouvrage; il oppose à La Chalotais six difficultés; mais avant de lui poser des objections il le couvre d'éloges, rappelant ce qu'il a fait à l'occasion des Jésuites et assurant de l'immortalité « le grand génie et le grand Magistrat ». Comme La Chalotais, il admet que les Sujets appartiennent à l'État et que l'État doit pourvoir à leur institution pour que la Nation soit stable et il reconnaît que son œuvre est un ouvrage nouveau, mais nécessaire. Après ces « réflexions préliminaires », l'auteur prend La Chalotais à partie sur la question de savoir à qui s'adressera l'éducation. Il réclame pour les paysans,

1. Bachaumont, *Mémoires,* 1er janvier 1762 (t. I, p. 7). Le jour de sa mort, Bachaumont écrit (3 décembre 1765, t. II, p. 268) : « M. de Voltaire l'avait caractérisé à merveille; il l'appelait le lourd Crevier. »

2. *Nouvelles ecclésiastiques, loc. cit.*: « On doit donc attendre de son zèle pour la Religion et la Patrie, qu'il donnera une seconde édition de son *Essai d'Éducation Nationale,* laquelle contenant tout ce que la première renferme de bon et d'excellent, sera épurée de tout ce qui a fait de la peine à de bons esprits dans la première. » A la fin de sa vie, La Chalotais revit l'*Essai*; mais la mort le surprit au milieu de ces occupations.

pour les pauvres dont La Chalotais s'était posé comme le défenseur naturel dans les *Comptes rendus,* et il le blâme de vouloir laisser le peuple dans l'ignorance ; l'institution nationale ne sera donc dirigée que vers un million d'hommes et cette conséquence est inconciliable avec les principes posés, puisque tous les hommes auxquels on refuserait l'éducation ont des devoirs à remplir. Citant un *Compte rendu* du Président Rolland, l'auteur montre que « l'amour de l'homme, l'amour de l'humanité ne peut pas se concilier avec ce système » et qu'il est contraire à la bonne politique. Le Mémoire de La Chalotais n'est donc, selon l'auteur, ni un Plan d'éducation nationale, ni même un Plan d'éducation[1].

Sur la question de l'enseignement de la Religion et sur le rôle du Prêtre, l'auteur des *Difficultés* fait des réflexions sans portée et n'a pas toujours compris l'*Essai* ; peut-être même y a-t-il des pages qu'il n'a pas lues ; il est plus heureux quand il revient sur l'éducation qui doit être générale et qui, restreinte comme le voulait La Chalotais, priverait la société de talents qu'on n'aurait pas découverts ; Rousseau était le fils d'un cordonnier, Rollin, le fils d'un coutelier[3].

La quatrième difficulté que propose l'auteur est sérieuse[4]. Elle se rapporte à la question des Maîtres et des Livres que La Chalotais abordait à la fin de l'*Essai*. On veut des choses simples et La Chalotais pensait que des Livres bien faits dispenseraient peut-être d'avoir des

1. *Difficultés...*, p. 10-19 : Première difficulté.
2. *Ibid.*, p. 19-29 : Seconde difficulté.
3. *Ibid.*, p. 29-39 : Troisième difficulté.
4. *Ibid.*, p. 39-48 : Quatrième difficulté.

Maîtres. L'auteur des *Difficultés* ne le pense pas, et il cite contre La Chalotais certains passages de l'*Essai*, entre autres ceux où il dit que « pour professer les lettres et les sciences, il faut des personnes qui fassent profession des lettres[1] » et que « tout ce qu'on doit savoir n'est pas contenu dans les Livres[2] ». Mais il détache ces passages du contexte où ils se trouvent et où ils ont une signification toute autre que celle qu'il leur attribue. Au lieu d'interpréter, il vaut mieux, pour lui, citer Le Fèvre de Saumur ou le *Mémoire* que Le Meur avait envoyé au Parlement de Rennes au nom de la Communauté de cette ville[3]. Il n'en est pas moins vrai que La Chalotais a admis sans arguments sérieux que les Livres suffisent à tout.

La cinquième difficulté[4] porte sur la question toute théorique de la nature de l'esprit humain ; l'auteur reproche à La Chalotais la philosophie empirique et sensualiste dont il s'inspire ; il juge imprudent d'indiquer ces « sources empoisonnées » à de jeunes instituteurs et pense qu'il y a contradiction à soutenir que tout vient des sens et à dire que les enfants sont capables d'efforts et qu'il y a en nous le principe inné du bien. La Chalotais partageait en cela la manière de voir de tout le XVIIIe siècle qui étalait les doctrines simplistes de Locke, mais gardait un profond souvenir de la tradition carté-

1. *Essai*, ch. I, p. 24.
2. *Ibid.*, ch. III, p. 59.
3. Le Fèvre de Saumur disait qu'il n'est besoin que d'une chose : d'un bon Maître (*Méthode pour les humanités*, p. 67) ; et Le Meur (*op. cit.*, p. 29) : « Les bons élèves sortiront de l'école des bons Maîtres. »
4. *Difficultés...*, p. 48-59 : cinquième difficulté.

sienne par sa foi à la Raison, au Progrès; la coexistence de ce sensualisme et de ce rationalisme semblait toute naturelle à Voltaire et aux Encyclopédistes.

Enfin, dans une sixième difficulté, l'auteur revient sur ce qu'il a déjà dit, au sujet des doctrines sensualistes, sur les observations présentées à propos de l'insuffisance des Livres et il juge impossible de donner aux enfants une éducation sur le plan du Portique et du Lycée. On voit qu'ici l'auteur des *Difficultés* n'a pas complètement compris l'*Essai*. Ce n'est pas, d'ailleurs, en tronquant des citations, en refaisant, à sa façon ou comme de mémoire, tel ou tel passage qu'on critique un livre; et l'auteur des *Difficultés*, quel qu'il soit, outre qu'il a ce défaut, n'a pas soupçonné la haute portée de l'ouvrage qu'il critiquait.

Ces *Difficultés* n'émurent pas La Chalotais. Il avait eu l'approbation à peu près unanime des Parlements, du pays, d'hommes de lettres qui faisaient autorité. N'ayant eu souci que du bien général, de l'autorité commune, il pouvait être satisfait de son rôle d'éducateur qui s'était confondu avec celui du Magistrat et qui, des *Comptes rendus* à l'*Essai d'Éducation Nationale*, fut remarquable par sa nouveauté.

C'est au milieu de l'année 1763 que se termine l'œuvre pédagogique de La Chalotais et la période d'histoire que nous avons eu le dessein d'étudier.

CONCLUSION

En racontant la vie de La Chalotais depuis le jour où le Parlement de Bretagne lui confia la mission d'examiner les Constitutions des Jésuites jusqu'au moment où, ayant publié l'*Essai d'Éducation Nationale*, il fut l'objet des critiques et des appréciations de ses contemporains, nous avons montré combien il était devenu populaire et comment son œuvre éducatrice avait été pour lui de la gloire. Son caractère soutint dignement la renommée que lui avaient valu sa polémique contre les Jésuites et son prodigieux effort en vue d'une nouvelle organisation pédagogique. C'est ainsi que l'a jugé la postérité; et ce jugement nous paraît confirmé par les détails de l'histoire dont nous nous sommes efforcés de raconter les plus menus incidents.

Si d'ailleurs nous avions eu le dessein d'étudier la vie toute entière de La Chalotais, nous aurions pu voir comment il eut à souffrir de la haine sourde de ceux dont il avait détruit le prestige. Les démêlés qu'il eut avec le duc d'Aiguillon, son arrestation, son procès, —

aussi scandaleux que celui de Socrate, — furent le résultat des machinations des Jésuites. Mais la calomnie ne put l'emporter sur la justice ; et on sait de quel enthousiasme on fut témoin quand, à sa mort, les biographes reconnaissent combien cet homme avait répandu son nom « dans l'Europe entière et dans tout le monde connu »[1]. Plus tard, l'envie s'attaqua encore à sa mémoire ; et, en 1826, un journal royaliste, organe des Jésuites, *L'Etoile,* tenta de porter atteinte à son honneur de Magistrat ; et bien que l'éloquence de Berryer ne put obtenir une condamnation, uniquement parce que le cas n'avait pas été prévu par le législateur[2], l'opinion publique fut unanime à rendre hommage à La Chalotais.

Mais c'est uniquement comme éducateur que nous l'avons étudié. Nous avons montré comment son activité l'avait conduit à écrire cet *Essai d'Éducation Nationale.* Après sa mort, il fut apprécié. Ainsi, en 1825, on y trouvait « beaucoup de données justes et sages qui peuvent être méditées avec fruit par les personnes qui s'occu-

1. Bachaumont, *Mémoires,* 18 juillet 1785 (au moment de la mort de La Chalotais), t. XXIX, p. 152 : « Aux vertus du Magistrat, il joignait les talents de l'homme de lettres. » *Ibid.,* 7 février 1786 (t. XXXI, p. 85) : « La *Société patriotique Bretonne* propose pour sujet aux citoyens enthousiastes du bien public et des bons patriotes, l'*Éloge de M. de la Chalotais,* mort depuis peu. Le Prix sera la gloire d'avoir élevé un monument immortel à ce Magistrat vertueux et persécuté. » Grimm (*Correspondance,* t. VII, p. 213) cite les vers qu'on mit au bas du portrait de La Chalotais dans la Chambre de la Noblesse à Rennes :

Sa sagesse et sa fermeté
Ont fait pâlir la calomnie :
Qui lui voulut ôter la vie,
Lui donna l'immortalité.

2. Ce sont les termes mêmes des considérants du jugement (voir *Œuvres de Berryer,* t. I, *loc. cit.*).

pent de composer des livres élémentaires »[1]. Un historien, il y a dix ans, estime que c'est encore un « oùvrage excellent et qui n'a pas perdu toute actualité »[2]. Nous sommes entièrement de cet avis ; au XXe siècle, les éducateurs peuvent se plaire à la lecture de l'*Essai,* et aussi en profiter.

Est-ce à dire que cette œuvre soit sans défaut? On y trouverait certainement des lacunes, des erreurs; parfois des développements sont interrompus ; des idées se présentent sans suite ; mais ces taches sont bien excusables dans une œuvre faite hâtivement, presque improvisée dans la « fermentation » de cette période vraiment curieuse de l'histoire de la pédagogie. Ce qui, nous le dirons franchement, la dépare presque, ce qui nous offusque, nous surtout, hommes d'un autre temps, c'est l'opinion de La Chalotais sur l'éducation qui ne doit pas être accessible à tous. Nous avons indiqué comment s'explique, selon nous, cette idée surprenante ; on peut même avancer que La Chalotais a été en cela, en contradiction avec lui-même. Il pense qu'un homme ne doit pas voir au delà de son métier, parce qu'il ne s'en acquittera jamais avec courage et avec patience. Singulière raison ! et lui-même, pourrait-on lui dire, ne dépassait-il pas les limites de sa profession de Magistrat? son œuvre d'éducateur ne prouve-t-elle pas qu'il avait pensé à autre chose qu'à ses réquisitoires du Parlement? S'il nous était permis de faire

1. *Revue Encyclopédique,* 1825, t. XXVI, p. 519. Cf. *ibid.,* 1826, t. XXX, p. 176, 178.
2. Marion, *op. cit.,* p. 208.

le portrait de La Chalotais, nous dirions que nous nous sommes toujours représenté un Magistrat, vivant de la vie paisible de la Province, mais se cultivant, et se renouvelant sans cesse. Il ressemble à ces hommes très nombreux en tous temps, que les circonstances n'ont pas conduits à une situation en évidence, mais qui, dans leur obscurité, sont des esprits des plus compréhensifs. Ainsi devait être La Chalotais, lisant beaucoup, soit à Rennes dans son hôtel, soit en villégiature, à Caradeuc ou au Plessix de Vern, et faisant de fréquentes stations chez le libraire Valar, pour y feuilleter les nouveautés. Les nombreux renvois qu'il fait à des livres de toutes sortes montrent bien qu'il était loin d'être enfermé dans la pratique routinière de sa profession. Pourquoi donc interdire aux autres ces excursions en dehors du métier?

A part ce défaut, nous devons reconnaître les mérites de l'*Essai*; le style clair, nerveux, tranche avec le style souvent monotone des autres traités similaires qui pullulaient à l'époque. Et ce qui frappe dans cette œuvre, ce sont les larges vues de La Chalotais sur la valeur de l'esprit, sur son orientation nécessaire vers la réalité et la pratique. Il a aussi fortement affirmé la suprématie de la Raison, et la valeur de l'individu vis-à-vis de la société. On voit surtout se manifester dans ses écrits l'esprit laïque, non pas l'esprit sectaire, mais l'esprit qui, respectueux de toutes les convictions, met au-dessus de tout la grande idée de la Nation. On sent, en effet, passer un souffle de large patriotisme dans cet *Essai* et dans ces *Comptes rendus* qui revendiquent, pour une

Nation, le droit de vivre en conformité avec ses traditions et en vue de son propre idéal.

En faisant œuvre d'éducateur, La Chalotais fut-il original? Si, par ce mot, on entendait exclusivement l'esprit qui apporterait dans le monde des idées absolument nouvelles, nous devrions dire que La Chalotais ne fut pas original ; car comme nous l'avons montré à tout instant, dans notre travail, La Chalotais s'inspire de tout ce qui avait été écrit avant lui, et de tout ce qu'on publiait de son temps ; il reprend et vulgarise les traditions trop facilement oubliées de Fleury et de Rollin. Mais on ne peut pas lui refuser d'avoir mis en lumière les grandes idées, de les avoir exprimées avec un accent qui lui est bien personnel, et de leur avoir donné une forme qu'elles n'avaient pas encore revêtue. L'*Essai d'Éducation Nationale* est, en cela, bien différent des ouvrages de l'abbé de Saint-Pierre, ou des ouvrages d'Helvétius, auxquels il a fait des emprunts évidents.

De plus, avec La Chalotais, les idées pédagogiques sortent du cercle étroit où elles avaient été élaborées jusqu'alors, le monde des écoles, ou le monde des littérateurs. Elles ont accès dans un milieu nouveau pour elles : le monde parlementaire et politique. C'est à partir de ce moment que les Parlements deviennent de véritables bureaux d'instruction publique, et qu'ils sont les organes légitimes de l'action laïque et nationale. Ce n'est pas à dire que, par le seul fait de cette intervention, les Universités changèrent immédiatement leur mode d'enseignement ; on s'aperçoit cependant qu'il y a quelque chose de nouveau dans le pays.

A la suite de La Chalotais, des Parlementaires deviendront des éducateurs de premier ordre. D'abord, c'est Guyton de Morveau, avocat général du Roi au Parlement de Bourgogne, qui reprenant l'idée et jusqu'aux paroles de La Chalotais, continua son œuvre de sécularisation. Le Président Rolland, qui ne dissimule pas les emprunts qu'il a faits pour ses écrits, est un puissant organisateur, animé du véritable esprit d'administration en vue de l'utilité publique. Plus tard, un homme politique, Turgot, demandera au Roi la formation « d'un conseil de l'instruction publique ».

Vers la même époque, un penseur qui a des idées d'une grande fécondité, d'Holbach, reconnaît qu'une éducation morale et nationale peut seule former à l'État des sujets honnêtes et dignes de la liberté, et qu'elle doit être l'un des principaux soins d'un bon gouvernement[1]; mais s'il se souvient des idées de La Chalotais, d'Holbach est animé du véritable esprit démocratique ; et au lieu de restreindre l'éducation, il pense qu'il faut la rendre obligatoire et gratuite[2].

Enfin, au moment de la Révolution, les Cahiers des États généraux réclament un « code d'éducation publique et nationale », et empruntent à La Chalotais les idées maîtresses qu'il avait propagées.

Il nous suffit d'indiquer rapidement les traces que La

1. D'Holbach, *Éthocratie ou le gouvernement fondé sur la morale.* Amsterdam, 1776, ch. II (p. 22) ; ch. X (p. 191).

2. Id., *ibid.*, ch. X (p. 196) ; cf. *Système Social ou Principes naturels de la morale et de la politique.* Londres, 1773.

Chalotais a laissées de son passage; cela seul montre quelle fut la grandeur de son œuvre pédagogique; et ce n'est pas seulement dans les dernières années du XVIIIe siècle, qu'on lui rend hommage en reconnaissant que ses idées ont été appliquées[1], mais beaucoup plus tard, quand l'Université procéda à la réforme des études, ceux qui furent à la tête du mouvement s'inspiraient des idées de La Chalotais et de ses contemporains[2].

Nous n'avons pas eu l'intention de suivre ici l'action des idées de La Chalotais; cette action se mêle, d'ailleurs, au grand mouvement de la Révolution qui se préparait dès ce moment, et il en est inséparable. D'ailleurs, comme nous nous sommes consacré à l'étude des idées morales et pédagogiques de la fin du XVIIIe siècle, nous espérons revenir un jour sur cet important mouvement d'idées. Nous avons voulu seulement étudier une de ces grandes figures de notre histoire nationale; et ce que nous avons dit dans cette monographie pédagogique montre ce que furent les hommes qui ont préparé la Révolution, et qui, pour l'histoire, sont d'aussi grands héros que ceux qui l'ont réalisée dans le domaine des faits.

1. M.-J. Chénier, *Discours*, etc., p. 42; cf. p. 40.
2. Voir aussi Raoul Frary, *La question du latin*. Paris (s. d.).

BIBLIOGRAPHIE

Notre bibliogaphie comprend trois grandes parties. Dans une première partie, nous indiquons les Œuvres de La Chalotais; dans une seconde partie, nous signalons les ouvrages qui nous ont servi pour l'étude directe et immédiate des idées de La Chalotais; enfin la troisième partie comprend les ouvrages modernes[1].

PREMIÈRE PARTIE

ŒUVRES DE LA CHALOTAIS

Discours de M. de La Chalotais, procureur général du Parlement de Rennes, prononcé, les chambres assemblées, pour l'enregistrement de l'édit du Roi concernant la liberté de la sortie et de l'entrée des grains dans le royaume (20 août 1764). — Rennes, Vatar (s. d.), in-8, 23 p.

Compte rendu des Constitutions des Jésuites par M. Louis-René de Caradeuc de La Chalotais, procureur du roi au Parlement de Bretagne, les 1, 3, 4 et 5 décembre 1761, en exécution de l'arrêt de la Cour du 17 août précédent (S. l.). 1762, in-4.

1763. 18e édition (s. l.), in-12, 192 p. (Portr.).

1826. Paris, J.-B. Dentu, in-8.

1826. Paris, Dauthereau, in-32, 150 p.

Second Compte rendu, sur l'appel comme d'abus des Constitu-

1. Nous ne donnons pas ici le relevé complet de tous les ouvrages que nous avons signalés ou cités au cours de notre étude; nous mentionnons seulement ceux dans lesquels nous avons pris des renseignements d'une certaine importance.

tions des Jésuites par M. Louis-René de Caradeuc de La Chalotais....., les 21, 22 et 24 mai 1762 (S. l.). 1762, in-12, 160 p.

Comptes rendus des Constitutions des Jésuites par M. Louis-René de Caradeuc de la Chalotais, avec des notes latines explicatives..... Paris, Langlois, 1826, in-8, XII-436 p. (Portr.).

Comptes rendus des Constitutions des Jésuites par Caradeuc de La Chalotais, précédés d'une introduction par M. Gilbert de Voisins. Paris, Moutardier, 1826, in-18.

Comptes rendus des Constitutions des Jésuites par Caradeuc de La Chalotais, précédés d'une introduction et d'une notice historique, par M. P.-D. Joffrès. Paris, Ponthieu, 1826 [Nos références se rapportent à cette édition].

Essai d'Éducation Nationale, ou Plan d'Études pour la Jeunesse, par Messire Louis-René de Caradeuc de La Chalotais.... (S. l.). 1763, in-12, IV-145 p.

1763. (S. l.), in-12, IV-144 p.

1763. (S. l.), in-12, IV-153 p.

Essai d'Éducation Nationale ou Plan d'Études pour la Jeunesse par Messire Louis-René de Caradeuc de La Chalotais. Nouvelle édition revue et corrigée. A Genève, chez Cl. et Ant. Philibert. 1763 [Nos références se rapportent à cette édition].

Essai d'Éducation Nationale ou Plan d'Études pour la Jeunesse par M. Louis-René de Caradeuc de La Chalotais. Nouvelle édition augmentée d'un précis de la vie de l'auteur. Paris, Raynal, 1825, in-18, LIII-259 p.

Essai d'Éducation Nationale ou Plan d'Études pour la Jeunesse par M. Louis-René de Caradeuc de La Chalotais. Nouvelle édition augmentée d'une notice sur la vie de l'auteur. Paris, L. Tenré, 1825, in-18, XXIV-243 p.

Essai d'Éducation Nationale ou Plan d'Études pour la Jeunesse par La Chalotais, pour faire suite à ses Mémoires, précédés d'une introduction par M. Gilbert de Voisins. Paris, Moutardier, 1826, XVI-251 p.

Mémoires de M. de La Chalotais, procureur général au Parlement de Bretagne. Rennes, 1766, in-8, 144 p.

1er et 2e Mémoire.

Troisième Mémoire de Monsieur de La Chalotais procureur général au Parlement de Bretagne (S. l. n. d.), in-12, 71 p.

Mémoires de La Chalotais, précédés d'une introduction par

M. Gilbert de Voisins, et suivis de documents extraits des registres du Parlement. Paris, Moutardier, 1826, in-12, xxxv-252 p.

1er et 2e Mémoires.

Mémoire de Louis-René de Caradeuc de La Chalotais (écrit avec un cure dent, dans la prison de Saint-Malo). Paris, Brière, 1826, in-32, 31 p.

1er Mémoire.

DEUXIÈME PARTIE

Les ouvrages qui nous ont servi pour l'étude directe et immédiate des idées de La Chalotais se divisent en trois grandes séries.

1° Les ouvrages antérieurs à 1761 ;

2° Les ouvrages publiés de 1761 à 1763 ;

3° Les ouvrages postérieurs à 1763.

Première Série.

OUVRAGES ANTÉRIEURS A 1761

1565. Pasquier (Étienne), Plaidoyer pour l'Université contre les Jésuites.

1594. Arnauld (A), Le franc et véritable Discours au Roi sur le rétablissement qui est demandé pour les Jésuites.

1643. Hermant (Godefroy), Traictez pour la défense de l'Université de Paris, contre les Jésuites. Paris.

1644. Seconde Apologie pour l'Université de Paris, imprimée par le mandement de Monsieur le Recteur, donné en Sorbonne, le sixième octobre 1643, contre le livre fait par les jésuites pour réponse à la première Apologie, publié par eux dedans et dehors le royaume, et vendu chez Sonnius, à la rue Saint-Jacques, au Compas d'Or. A Paris.

1683. Lamy (le P.), Entretiens sur les sciences dans lesquels on apprend comme l'on se doit servir des sciences pour se faire l'esprit juste et le cœur droit, avec la Méthode d'étudier. Seconde édition, Lyon, 1694.

1685. FLEURY (L'Abbé), Traité du Choix et de la Méthode des Etudes. Nouvelle Edition, Nismes, 1784.

1690. LOCKE, Essai philosophique concernant l'Entendement humain, trad. par Costes, Amsterdam, 1750, 4 vol.

1693. LOCKE, Quelques pensées sur l'Éducation, trad. Compayré. Paris, 1882.

1710. LEIBNITZ, Opera philosophica quæ extant latina, gallica germanica omnia. Berolini, 1840.

1715-35. LE SAGE, Histoire de Gil Blas de Santillane. Paris, Paulin, 1835, gr. in-8°.

1722. CROUSAZ, Traité de l'éducation des enfants.

1726-28. ROLLIN, Traité des Études, Paris, 1805. 4 volumes.

1730. GAULLYER, Méthode pour commencer les humanités grecques et latines, par M. Le Fèvre de Saumur, avec des notes. Paris.

1730. SAINT-PIERRE (Abbé de), Œuvres diverses, Paris; 2 vol.

1737. SAINT-PIERRE (Abbé de), Ouvrages de Politique, Rotterdam, seize vol.

1743. MORELLY, Essai sur l'esprit humain ou principes naturels de l'Éducation, Paris.

1745. GÉDOYN (Abbé), Œuvres diverses.

1750. TURGOT, Second Discours en Sorbonne (Œuvres, Paris, 1808, t. II).

1751. DUCLOS, Œuvres complètes. Paris, 1806, 10 vol.

1751-65. Encyclopédie ou Dictionnaire raisonné des sciences, des arts et des métiers par une société de gens de lettres. A Paris, 35 volumes.

1752. D'ALEMBERT. Essai sur la société des gens de lettres et des grands.

1755. CONDILLAC, Œuvres.

1756. D'AGUESSEAU, Instructions sur les études propres à former un magistrat (Œuvres complètes, t. XV).

1756. MIRABEAU, L'Ami des hommes, ou Traité de la population.

1758-66. FONTENELLE, Œuvres complètes, Paris, 11 volumes.

1758. HELVÉTIUS, De l'Esprit, Amsterdam et Leipsick, 3 volumes.

1759. Mémoire important au sujet des études du Portugal (s. l. n. d.)(Bibliothèque Nationale, dans le Recueil: Plans d'Études, R. 22140-48).

1759. Discours aux grands de Pologne sur la nécessité de bannir les Jésuites hors du royaume, avec des pièces relatives au même sujet et des notes qui confirment et éclaircissent les faits.

1759. Tableau du siècle, par un auteur connu, Genève (Paris).

1760. Les Jésuites criminels de lèze-majesté dans la théorie et dans la pratique. La Haye, les Fr. Vaillant, in-12, 5e édition.

Deuxième série.

DOCUMENTS ET OUVRAGES 1761-1763

A. — Documents parlementaires.

1° *Documents inédits.*

Archives d'Ille-et-Vilaine.

Série B, 781 ; n° 288 : Registres secrets du Parlement, Saint-Martin, 1761 ;

Série B, 782 ; n° 289 : Registres secrets du Parlement, Saint-Martin, 1762.

Série B, 66 :

Mémoire de la Faculté de Droit.

Mémoire du Bureau servant de la Communauté de Rennes sur le nouveau Plan d'éducation.

Procès-verbal de l'Assemblée générale de la Communauté de Rennes.

Mémoire du Présidial de Rennes.

Mémoire du Présidial de Vannes.

Mémoire de la Communauté de ville, de Vannes.

Mémoire des Officiers municipaux et des Juges royaux de Brest.

Série B, 65, ancien :

Lettres du Procureur fiscal de Dol, 1763.

État du Collège de Dinan, 1763.

Ancien B, 66 :

Mémoire du Syndic de Saint-Brieuc, 1763.

État du Collège de Tréguier, 1763.

2° *Documents publiés.*

Compte rendu au Parlement de Provence, par Ripert de Monclar.

Compte rendu au Parlement de Besançon.

Compte rendu au Parlement de Rouen, par Charles.

Compte rendu au Parlement de Bordeaux, par P.-J. Dudon.

Compte rendu au Parlement de Navarre, par de Belloc et de Mosquéros.

Compte rendu au Parlement de Metz, par BERTRAND et Michel DE VATIMONT.
Compte rendu au Parlement de Toulouse, par RIQUET.
Compte rendu au Conseil souverain du Roussillon, par DE SALLELES.
Compte rendu au Parlement de Bourgogne.
LE MEUR, Mémoire du Bureau servant de la Communauté de Rennes sur le nouveau Plan d'éducation demandé par arrêt de la Cour du 23 décembre 1761. Rennes, G. Vatar, 1762 (Bibliothèque Nationale, dans le Recueil: Plan d'Études, R. 22140-48).
Extraits des assertions dangereuses et pernicieuses en tout genre que les soi-disans Jésuites ont, dans tous les temps et persévéramment soutenues, enseignées et publiées dans leurs livres avec l'approbation de leurs supérieurs et généraux. Paris, chez P.-G. Simon, imprimeur du Parlement, 1762.
Comptes rendus aux Chambres assemblées par Messieurs les commissaires des différents établissements des ci-devant soi-disans Jésuites. Paris, Simon, 1762, 4 vol. (Bibliothèque Nationale, L. 39 d. 523).
Comptes rendus aux Chambres assemblées par Messieurs les commissaires nommés par les arrêts des 6 août 1762 et 24 mars 1763 des différents Collèges du ressort qui n'étaient pas occupés par les ci-devant soi-disans Jésuites. Paris, Simon, 1763 (Bibliothèque Nationale L d. 39. 554).
LAVERDY (De). Comptes rendus sur les Collèges de Paris, 1763, 2 vol.

II. — OUVRAGES PÉDAGOGIQUES.

D'ALEMBERT, Apologie de l'étude, 1761.
CREVIER, Histoire de l'Université de Paris depuis son origine jusqu'à 1600. Paris, Desaint, 1761, 7 vol. in-12.
DOUCHER, Principes généraux et raisonnés de l'Orthographe française avec des remarques sur la prononciation. Paris, 1761.
ROUSSEAU (J.-J.), Œuvres complètes, édition Musset-Pathay, 25 vol. Paris, 1823-26.

COLOMB, Plan raisonné d'éducation publique pour ce qui regarde la partie des études. Avignon et Paris, chez Rozet, 1762.
COMBALUSIER, Mémoire de l'Université sur les moyens de pourvoir à l'instruction de la jeunesse et de la perfectionner. Paris, 1762, in-12.
Lettre de M. *** à M. l'abbé ***, Professeur de Philosophie en

l'Université de Paris, sur la nécessité et la manière de faire entrer un Cours de Morale dans l'éducation publique. Paris, Durand, 1762.

Lettre où l'on examine quel Plan d'Études on pourrait suivre dans les Écoles publiques. Paris, 2 août 1762 (Bibliothèque Nationale, dans le Recueil : Plans d'Études, R. 22, 140-48).

Lettre politico-philosophique, 16 mai 1762.

Lettres sur l'éducation. Paris, 1762, 2 vol. (attribuées au comte de Turpin, par Barbier, *Dictionnaire des Anonymes*; à Pesselier, par la *France littéraire* de 1769).

Turben, Idées d'un Citoyen sur l'instruction de la jeunesse ou projet d'éducation générale et particulière. Paris, 1762.

De l'Éducation Publique. Amsterdam, 1763.

Difficultés proposées à M. de Caradeuc de La Chalotais, procureur général au Parlement de Bretagne sur le Mémoire intitulé : Essai d'Éducation Nationale ou Plan d'Études pour la Jeunesse, présenté au Parlement, le 24 mars 1763. A Paris (s. n.), 1763. (Bibliothèque Nationale, dans le Recueil : Plans d'Études, R. 22140-48).

La Chapelle (abbé de), L'Art de communiquer ses idées. Paris, 1763 (l'ouvrage composé en 1751 fut publié en 1763; l'auteur y ajoute des notes curieuses sur la réforme des Collèges).

Lettre à M. l'abbé *** sur cette question : Les gens de communauté sont-ils aussi propres à l'éducation publique que les particuliers ? 1763 (Bibliothèque Nationale, dans le Recueil : Plans d'Études, R. 22140-48).

Navarre (le Père), Discours qui a remporté le prix par le jugement de l'Académie des jeux floraux, en l'année 1763 sur ces paroles : Quel serait en France le Plan d'Étude le plus avantageux, 1763 (Bibliothèque Nationale, dans le Recueil : Plans d'Études R. 22140-48).

Pellicier (abbé), Mémoires sur la nécessité de fonder une École pour former des Maîtres selon le Plan d'éducation, donné par le Parlement en son arrêt du 3 septembre 1762. 1763 (Bibliothèque Nationale, dans le Recueil : Plans d'Études, R. 22140-48).

Projet d'Étude pour le Collège des Chanoines réguliers de Saint-Vincent de Senlis. Paris, Le Mercier, 1763, in-4, 8 pages.

Rivard, Recueil de Mémoires touchant l'éducation de la jeunesse surtout par rapport aux études. Paris, 1763.

Vicaire, Discours sur l'éducation. Paris, 1763.

C. — Ouvrages de polémique.

Les Jésuites convaincus par leurs propres ouvrages d'être toujours les mêmes. A Rome, 1761.

Appel à la Raison des écrits et libelles publiés par la passion contre les Jésuites de France, 1762.

Nouvel Appel à la Raison, 1762.

L'Inutilité des Jésuites démontrée aux évêques : En France 1752 (*sic*). Septembre 1762.

Mémoire concernant l'Institut, la Doctrine et l'Établissement des Jésuites en France. Nouvelle édition, plus ample, plus fidèle et plus correcte. A Rennes, chez Nicolas P.-Vatard, imprimeur-libraire, 1762, avec Permission.

Remarques sur un écrit intitulé Compte rendu des Constitutions des Jésuites par M. Louis-René de Caradeuc de La Chalotais, 175 p.

Supplique que les Jésuites adressent au Roi, février 1762.

Voltaire, Œuvres complètes, édit. Moland, 52 volumes. Paris.

D. — Périodiques.

Année Littéraire, années 1761, 1762, 1763.

Journal des Savants, années 1761-63.

Journal Encyclopédique par une société de gens de lettres. A Liège, chez Everard Kints.

Mémoires pour l'histoire des sciences et des beaux-arts commencés d'être imprimés l'an 1701, à Trévoux. Années 1761, 1762, 1763.

Nouvelles ecclésiastiques ou Mémoires pour servir à l'histoire de la constitution Unigenitus. Années 1761, 1762, 1763.

Troisième série.

OUVRAGES POSTÉRIEURS A 1763

1764. Guyton de Morveau, Mémoire sur l'éducation publique avec le prospectus d'un Collège, in-12, 324 p.

1765. Compte rendu au Public des Comptes rendus aux divers Parlements et autres cours supérieures, précédé d'une réponse décisive aux Imputations dont on a chargé les Jésuites, leur Régime et leur Institut, 2 vol. Paris, chez les libraires associés.

1765. [D'Alembert], Destruction des Jésuites en France.

1770. Coyer (abbé), Plan d'Éducation publique, Paris.

1774-79. Bachaumont, Mémoires secrets pour servir à l'histoire de la République des lettres en France, ou Journal d'un observateur. Londres, John Adamson, 1780, 36 vol.

1776. Diderot, Plan d'une Université pour le gouvernement de Russie (Œuvres complètes, édit. Assézat-Tourneux. Paris, 1878, 20 vol.).

1778. Ogée, Dictionnaire historique et géographique de la province de Bretagne, 4 vol.

1781. Mercier (Sébastien), Tableau de Paris. Hambourg et Neufchâtel, 8 vol.

1783. Rolland d'Erceville, Recueil de plusieurs ouvrages de M. le Président Rolland. Paris, P.-G. Simon et Nyon.

1792. Young (Arthur), Voyages en France, traduction française par Soulès. Paris, 1793-94, 3 vol. in-8.

1801. Chénier (M.-J.), Discours sur les progrès des connaissances en Europe et de l'enseignement en France. Paris, Didot, in-8.

1804. Marmontel, Mémoires d'un père pour servir à l'instruction de ses enfants (Œuvres complètes. Paris, 1819, 18 vol.).

1812. Grimm, Correspondance littéraire, philosophique et critique, édit. Tourneux, 16 vol. Paris, 1878.

1813. Sénac de Meilhan, Portraits et caractères du XVIIIe siècle, publiés par de Lescure. Paris, 1862.

1817. Georgel (abbé), Mémoires pour servir à l'histoire des événements de la fin du XVIIIe siècle, depuis 1760 jusqu'à 1780. Paris, 6 vol. in-8.

1820. Garat, Mémoires historiques sur la vie de M. Suard, sur ses écrits et sur le XVIIIe siècle. Paris, 1820, 2 vol.

1847-56. Barbier, Chronique de la Régence et du règne de Louis XV (1718-1763), 8 vol. Paris, Charpentier.

1859. D'Argenson, Journal et Mémoires, édition Rathery (Société de l'Histoire de France). Paris, 9 vol.

TROISIÈME PARTIE

OUVRAGES MODERNES

ALLAIN, La question d'enseignement en 1789, d'après les Cahiers. Paris, 1886.

Annales de la société J.-J. Rousseau (t. II. Genève, 1906).

BERRYER, Œuvres, plaidoyers. Paris, 1876, 4 vol.

BONNET, La Chalotais, son caractère et ses idées. Rennes, 1882.

BRUNETIÈRE, Revue littéraire (Revue des Deux Mondes, 15 octobre 1879).

BRUNETIÈRE, Études critiques sur l'histoire de la littérature française, 5e série. Paris, 1903.

BUISSON (F.), Dictionnaire de Pédagogie. Paris, 1887, 4 vol.

CHÉNON (Émile), Les anciennes Facultés des Droits de Rennes (1785-1792). Rennes, 1890.

COMPAYRÉ (Gabriel), Histoire critique des doctrines de l'éducation en France depuis le XVIe siècle. Paris, 1879, 2 vol.

CRETINEAU-JOLY, Histoire religieuse, politique et littéraire de la Compagnie de Jésus, 1847, 6 vol. in-12.

DREYFUS-BRISAC (Ed.), Éducation nouvelle, 3e série, Paris, 1897.

DUBARLE, Histoire de l'Université de Paris, depuis son origine jusqu'à nos jours. Paris, 1829, 2 vol. in-8.

DUCREST DE VILLENEUVE et D. MAILLET, Histoire de Rennes. Rennes, 1845.

DULAURE, Histoire physique, civile et morale de Paris, 1821-22, 7 vol.

LAVISSE (Ernest), Histoire de France depuis les origines jusqu'à la Révolution ; tome VIII ; Paris, 1910.

LE MOY, Le Parlement de Bretagne et le pouvoir royal au XVIIIe siècle. Angers, 1909.

LEVOT, Biographie bretonne. Paris, 1852-57, 2 vol. in-8.

MARION (Marcel), La Bretagne et le duc d'Aiguillon, 1753-1770. Paris, 1898.

MARTIN (Henri), Histoire de France, 17 vol. Paris, 1864.

MICHELET, Histoire de France. Paris, 1879, 19 vol.

POCQUET (Barthélemy), Le duc d'Aiguillon et La Chalotais. Paris, 1900, 3 vol.

ROCQUAIN (F.), L'esprit révolutionnaire avant la Révolution. Paris, 1878.

SAULNIER (F.), Le Parlement de Bretagne. Rennes, 1908, 2 vol.

SAULNIER DE LA PINELAIS, Les Gens du Roi au Parlement de Bretagne. Rennes, 1902.

SICARD (abbé), La question de la réforme de l'enseignement secondaire au XVIIIe siècle et de nos jours (Le Correspondant, 10, 25 septembre, 10 octobre, 10 décembre 1882, 10, 25 septembre 1883).

SICARD (abbé), Les études classiques avant la Révolution. Paris, 1887.

SILVY (A.), Les Collèges en France avant la Révolution. Paris, 1885.

SILVY (A.), Essai d'une bibliographie historique de l'enseignement secondaire et supérieur en France avant la Révolution.

SISMONDI, Histoire des Français. Paris, 1821-44, 31 vol.

TAINE, Les origines de la France contemporaine. Paris, 1906, 11 vol.

TOCQUEVILLE (A. DE), L'Ancien régime et la Révolution. Paris, 1877.

VILLEMAIN, Rapport au Roi sur l'enseignement secondaire. Paris, 1834.

VILLERS (Louis DE), La Chalotais agriculteur. Rennes, 1894.

TABLE DES MATIÈRES

INTRODUCTION

CHAPITRE PREMIER

CHAPITRE II

CHAPITRE V

CHAPITRE VI

CHAPITRE VII

CHAPITRE VIII

CHAPITRE IX

CHAPITRE X

VU
le 18 juillet 1910 :
Le Doyen de la Faculté des Lettres
de l'Université de Paris,
A. CROISET.

VU
ET PERMIS D'IMPRIMER :
Le Vice-Recteur de l'Académie de Paris,
Pour le Vice-Recteur :
L'Inspecteur de l'Académie,
ISTRIA.

CHARTRES. — IMPRIMERIE DURAND, RUE FULBERT.

www.ingramcontent.com/pod-product-compliance
Ingram Content Group UK Ltd.
Pitfield, Milton Keynes, MK11 3LW, UK
UKHW020117200726
13856UKWH00002B/588